지중해지역원 번역시리즈 ②

이슬람의 에티켓과 금기

윤용수, 전완경 편역

자식곳간
BookSpain
북스페인

지은이 ㅣ 윤용수, 전완경
펴낸이 ㅣ 최병식
펴낸날 ㅣ 2009년 9월 25일
펴낸곳 ㅣ 주류성출판사 · 북스페인
　　　　서울시 서초구 서초동 1308-25번지 강남오피스텔 1309호
　　　　전화 ㅣ 02-3481-1024 / 전송 ㅣ 02-3482-0656
　　　　e-mail ㅣ bookspain@hanmail.net

책 값 ㅣ　9,000원
ISBN 978-89-91482-19-7 03280

지중해지역원 번역시리즈②

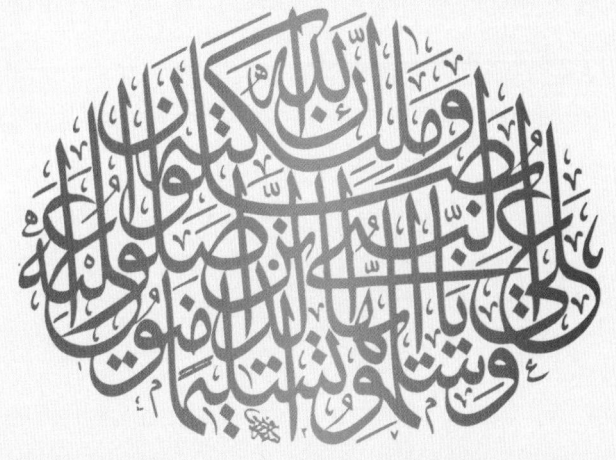

이슬람의 에티켓과 금기

윤용수, 전완경 편역

"이 저서는 2007년 정부(교육과학기술부)의 재원으로
한국연구재단의 지원을 받아 수행된 연구임" (KRF-2007-362-A00021)

머 리 말

　21세기 이후 한국 사회도 점차 국제화되어 가고 있고 다문화 가정도 해마다 늘고 있다. 단일 민족과 혈통을 중요시하는 한국인들의 사고 방식과 인식체계도 이런 사회 변화에 발맞추어 변화하고 있지만 그 변화 속도는 아직 미미한 것 같다. 그러나 문화간 소통과 교류가 21세기의 흐름이기 때문에 한국인들의 타 문화에 대한 지식과 이해의 증가 등 사회적 변화에 대한 대비도 시급하다 하겠다.

　본서는 이러한 대비의 일환이다. 한반도와 이슬람 사회와의 교류는 신라시대부터 시작되었음에도 불구하고 한국인들의 이슬람 사회에 대한 지식은 일천하고 인식은 여전히 왜곡되어 있는 경향이 있다. 최근 이슬람 사회에 대한 여러 가지 출판물이 소개되고 있고 인터넷의 확산으로 인해 실시간으로 아랍 · 이슬람 사회에 대한 정보를 얻고 있지만 이를 체계적으로 수용할 준비는 여전히 미흡하다.

　아랍 · 이슬람 지역 전문가로서 그 동안 이슬람과 관련된 많은 도서가 출판되었고 인적 물적 교류의 증가에도 불구하고 여전히 아랍 · 이슬람 사회에 대한 한국인의 인지도와 이해도가 낮은 이유는 무엇인가? 하는 고민에 빠져 있었다.

　이 문제에 대한 고민의 결과 아랍인들의 인식과 사고 체계 및 무슬림들의 삶의 방식에 대한 정확한 이해가 여전히 부족하기 때문이라는 결론에 이르게 되었다.

　아랍인과 무슬림들의 표면적인 행동 양식에 대한 소개를 하는 저술은 많았지만 그들의 행동을 유발시키는 심층적인 인식 체계와 사고를 이해하려는 노력은 여전히 부족했다. 그들의 사회 체계와 관습에 대한 외형적인 소개는 있었지만 그러한 제도와 관습을 만든 역사적 배경에 대한 이해는 여전히 미약했다.

또한 국내에서 출판된 아랍 · 이슬람 세계에 대한 저술들이 얼마나 객관적인 서술을 하고 있었는가? 하는 점도 의문이다. 본인을 포함하여 그간 아랍 · 이슬람 관련 서적들을 저술한 저자의 선입관이나 편견이 반영되어 자칫 왜곡된 정보를 전달하지 않았을까? 하는 의문과 반성에서도 자유롭지 않다.

본서는 이러한 문제점의 인식과 반성에서 시작되었다. 아랍인과 무슬림들의 사고 체계와 행위 및 관습을 있는 그대로 소개하고 전달할 필요성을 느꼈다. 편역자 역시 아랍인이 아니고 무슬림이 아니기 때문에 이들의 삶과 문화에 대한 저술이 혹시 본의 아니게 그들을 왜곡하는 결과를 가져올 수도 있다는 고민 끝에 그들의 글과 논술을 있는 그대로 번역해서 소개해야겠다는 생각에 이르게 되었다.

그들의 말과 글을 한국의 독자들에게 있는 그대로 전달하고 그들에 대한 평가는 독자들에게 맡기는 것이 아랍인과 무슬림을 이해하는 첩경이 될 수 있다는 판단이다.

그래서 본서에서는 주해나 해석을 가급적 삼가하고 무슬림들의 삶과 문화에 대한 그들의 생각과 논술을 그대로 옮기려 노력했다.

본서에서는 특정인이나 단체의 글을 옮기는 것 그 자체가 또 다른 경도나 왜곡을 초래할 수 있어 이슬람 사회에서 대체로 인정받고 있는

Islamic Etiquette(Jamal)과 Al-halal wal Haram fil Islam(Yusuf Al-Qardawi)의 논술들을 중심으로 정리했다.

본서의 내용은 이슬람에 대한 편역자의 생각과 판단을 최대한 배제하고 아랍인과 무슬림들의 논술을 그대로 옮기고 있기 때문에 다분히 친이슬람적으로 기울었다고 판단될 수 있지만 아랍·이슬람 사회에 대한 원재료(raw material)를 전달하기 위함이니 독자의 이해를 바란다.

아랍·이슬람 사회에 대한 관심이 미흡한 한국사회에서 이 지역에 대한 인문학서를 출판한다는 것은 여전히 부담스러운 일이다. 그럼에도 불구하고 이 책이 세상에 나올 수 있게 된 것은 2007년부터 시작된 교육과학기술부의 한국학술진흥재단이 주관하는 인문한국지원사업(Humanities Korea Project)의 지원이 있었기에 가능했다. 이 사업은 한국의 인문학과 해외지역학 발전과 중흥을 위한 씨앗이자 모태가 되고 있다. 모쪼록 이 사업을 통해 한국의 인문학과 해외지역학이 국제적 수준으로 발전하여 세계 학문을 선도할 수 있기를 기대한다. 출판을 허락해준 주류성 출판사에도 깊은 감사를 드린다.

2009. 여름
우암동 연구실에서
편역자

목 차

I 이슬람 사회의 행동 원칙

I 이슬람 사회의 행동 원칙

　이슬람 사회의 규칙과 행동 원칙은 인간에 대한 하나님(Allah)의 축복을 의미하는 꾸란(Quran)과 순나(Sunna)에서 대부분 유래된 것이다. 이러한 규칙과 행동 원칙은 무슬림들이 잠에서 깨어난 후의 첫 번째 의식인 파즈르(fajr)[1]부터 시작하여 잠자리에 들 때까지 무슬림들의 일상 행동에 절대적인 영향을 끼치고 있다. 이슬람의 규칙과 행동 원칙은 다양하지만 대략 아래의 5가지 범주로 구분할 수 있다.

　① 이슬람에서 허용되는 것
　② 이슬람에서 권유되는 것
　③ 이슬람에서 허락되지 않는 것
　④ 이슬람에서 의무적인 것
　⑤ 이슬람에서 금지되는 것

　위의 다섯 가지 항목은 남녀노소를 포함한 모든 무슬림들에게 공통적으로 적용된다. 그러나 흥미로운 것은 남성들 행동중 아주 작은 부분

---

1) 이슬람의 1일 5회 예배중의 첫 번째 예배로서 일출 시점의 예배를 말한다(역자 주).

만이 의무와 금지의 범주에 속하는 반면, 여성들에게는 보다 많은 의무와 금지가 주어진다는 점이다. 이는 남성 중심인 아랍 사회의 특징을 반영하고 있다 하겠다.

위의 다섯 가지 범주의 경계는 유동적이며, 상황에 따라 다양하게 해석될 수 있다.

특정한 상황에서 금지된 것은 다른 상황에서는 예외적인 경우로 허용되거나 실행해야 할 의무가 되기도 한다. 예를 들어, 무슬림들이 돼지고기를 먹는 것은 일반적인 금기(Haram)이지만, 기아의 구호나 생명 구제를 위해서 불가피한 경우는 돼지고기를 먹는 것이 허용된다. 이처럼 무슬림들의 행동을 지배하는 일반적인 규칙은 절대적으로 강요되는 것이 아니라, 상황에 따른 융통성을 허용하고 있다.

이슬람의 규칙과 관습은 이슬람 사회에서 태어난 아이가 사춘기가 될 때까지 절대적으로 강요되지는 않는다. 그러나 이슬람의 아이들은 이슬람의 분위기 속에서 자연스럽게 훈련을 받으며 성장하기 때문에 전 인생에 걸쳐 이슬람에 동화되고 이슬람의 울타리 안에서 인생을 살아가게 된다.

인간 생활의 다양한 측면에 걸친 이슬람 사회의 주요 규범은 다음과 같다.

- 모든 상황에서 심사숙고와 침착함이 요구된다. 이슬람 사회는 무슬림들에게 그 결과가 가치있고 옳은 것이라면 힘들고 어려운 것이라도 실행하고 그렇지 않다면 삼가해야 한다고 가르친다. 특정한 문

제가 궁극적으로 어떻게 판명될 것인가를 숙고해야 한다.

- 타인과의 교류에 있어 친절과 관대함은 필수적인 요소다.

- 신체, 의복, 장소 등의 청결은 삶의 가장 중요한 요소중의 하나다.

- 미, 우아함, 질서는 지켜야 할 중요한 가치다.

- 예의바른 행동은 그 행동을 아름답게 하지만, 건방진 행동은 그 선
  행을 훼손시킨다.

- 모든 행동은 겸손해야 한다.

- 육체적, 정신적, 도덕적으로 자신과 타인을 해칠 수 있는 행동은 피
  해야 한다.

- 침묵은 불필요한 말보다 우선한다.

이집트 카이로의 이슬람사원

- 자신이 대우받고 싶은 대로 타인에게 행동해야 한다. 타인에 대한 배려없는 훌륭한 예의는 불가능한 것이다.
- 자신이 하지 않는 일을 타인에게 요구해서는 안된다.
- 오른 손은 물건 주고받기, 악수, 먹기, 마시기 등에 사용되고 왼손은 화장실에서 뒤처리, 코풀기 등에 사용한다.
- 음식과 의복은 사치스럽지 않도록 한다.
- 사치는 경계되지만 돈을 벌지 않거나 인생을 즐기지 말라는 의미는 아니다.
- 관대하고 욕심을 부리지 않는 것은 미덕이다.
- 괴로울 때나 즐거울 때나 알라께 감사하는 것은 무슬림 삶의 특징이다. 인내로서 알라께 감사해야 한다.
- 모든 일에 항상 충실해야 한다.
- 모든 일에 중립을 지키고 진실해야 한다. 허풍과 과장은 용납되지 않는다.
- 이웃과 형제가 어려울 때 도와야 한다.
- 어떤 경우에도 다른 종교와 문화를 모방하는 것은 금지된다.
- 복종과 타인의 명령이나 소망을 실천하는 것이 이슬람의 가르침에 위배되어서는 안된다. 그런 경우가 생기면 이슬람의 가르침이 우선이다.
- 성적(性的) 정체성을 유지하는 것은 매우 중요하다. 의상, 행동 등에서 남자가 여자를 또는 여자가 남자를 흉내내는 것은 금지된다.
- 이슬람 예절의 가장 보편적인 특징중의 하나는 훈련과 개인 및 공

동체의 삶에서 균형과 조화다.

- 유연성과 관용은 이슬람 예절의 특징이다. 특정한 행동이 타인들을 배려한 것이고, 개인과 공동체에 해를 끼치지 않는다면 금기의 범주에 포함된 것이라도 용인될 수 있다.

위의 규범들은 이슬람 공동체의 삶의 지표로서 받아 들여 지고 있는 것으로서 무슬림들의 삶과 문화를 이해하는 기준이 될 수 있다. 이 규범들 중에는 오른쪽 문화 중시와 하람 등 아랍 · 이슬람 사회만이 갖고 있는 독특한 규범도 있지만, 대부분의 인류 공동체가 추구하는 보편적인 사회적 가치인 사랑, 관용, 협동, 겸손, 검소함 등을 이슬람 사회 역시 중요한 가치로서 간주하고 있음을 알 수 있다.

무슬림들은 행위의 의도(intention)에 커다란 의미를 부여한다. 이는 모든 행위는 의도에 기초하기 때문에 의도로 인해 행위가 정당해 질 수도 부당해 질 수도 있으며, 의도에 따라서 행동은 가치가 있기도 하고 없기도 하다고 생각한다.

하디스[2]에서는 모든 행위는 의도에서 비롯된다고 했다. 따라서 알라는 사람들의 외모와 행동을 보는 것이 아니라 마음과 의도를 주시하신다고 언급하고 있다. 즉, 착한 의도를 가진 사람은 그의 선행으로 인해 보상받을 것이고, 나쁜 의도를 가진 사람은 그의 불순한 행동으로 인한 대가를 치를 것이다. 다음은 의도와 관련한 하디스의 일부분이다.

---

2) 사도 무함마드의 언행록으로서 이슬람 사회에서 꾸란 다음으로 권위를 갖춘 제2의 법원(法源)이다.

터키 이스탄불의 술탄 아흐메드사원(블루 모스크)

    -사도 무함마드 : 두 명의 무슬림이 서로 칼을 들고 싸웠다면,
      죽인 사람과 죽은 사람 모두 지옥 불에 떨어질 것이다.
    -교우 : 왜 죽은 사람까지 지옥 불에 떨어지나요?
    -사도 무함마드 : 그 역시 살인의 의도를 갖고 있었기 때문이다.

    또한 무함마드는 '미망인의 재산을 탐내 결혼한 자는 간음한 자이
고, 갚을 생각없이 돈을 빌린 사람은 도둑이다' 라고 말했다.
    위의 하디스는 좋은 의도와 관련한 무슬림들의 믿음을 강조한 것이
다. 무슬림은 의도가 배제된 행동이나 순수하지 않은 의도의 행동을 경

계한다. 의도는 행동의 영혼이며 가치라고 생각한다. 의도가 건전하다면 행동은 건전한 것이고, 의도가 불순하다면 행동도 불순한 것이다.

또한 무슬림들은 의도는 행동의 필수적인 부분이며, 가치있는 행동을 위한 조건이라고 생각한다. 의도는 말로서 그쳐서는 안되며, 선하고 정당한 목적을 위해 행동으로 옮기는 마음속의 추진력이며, 알라와 그 사도를 섬기는 의지여야 한다고 생각한다.

그러나 무슬림들은 좋은 의도만으로 모든 행동이 허용된다고 믿지는 않는다. 예를 들어 상대방을 즐겁게 하기 위해 누군가를 험담하는 것은 알라에 대한 불경이며 죄를 짓는 행동이다. 또 부정한 돈으로 사원을 짓는 사람은 보상을 받지 못할 것이라고 생각한다. 좋은 목적 또는 성전을 위해 복권을 사는 사람 역시 죄를 짓는 것이다.

따라서 이슬람에서는 행위 자체보다는 행위의 의도를 중요시 하지만, 선한 의도라 하여 그 행위와 수단의 정당성을 무시하지도 않는다.

II 할랄(Halal)과 하람(Haram)

II 할랄(Halal)과 하람(Haram)

2.1 할랄과 하람이란?

유대교와 기독교를 포함한 지구상에 존재하는 거의 모든 종교는 인간의 삶에 직간접적인 영향을 끼친다. 종교가 추구하는 영적인 부분뿐만 아니라, 물질적인 삶도 상당 부분 개인이 믿고 있는 신앙의 영향을 받을 수 밖에 없다. 이런 측면에서 이슬람교는 다른 종교에 비해 인간 삶의 미세한 부분까지 규정하고 있고 이의 준수를 요구한다. 즉, 이슬람을 믿는 무슬림의 삶은 일상 생활 그 자체에 종교가 반영되어 있기 때문에 이슬람은 생활 종교라 할 수 있다.

무슬림의 삶을 지배하는 가장 큰 규범은 이슬람의 경전인 꾸란에 포함되어 있고, 그 중 일상 생활에 기준은 할랄(Halal, 허용된 것)과 하람(Haram, 금지된 것)과 마크루(makru, 혐오)로 구분될 수 있다. 이 기준은 다분히 종교적인 기준이지만, 이슬람 사회의 율법인 샤리아가 꾸란에 근거하고 있기 때문에 할랄과 하람은 신앙적인 측면뿐만 아니라 무슬림 삶의 기준이라 할 수 있다. 이슬람에서 할랄과 하람 및 마크루의 정의는 다음과 같다.

- 할랄 : 알라가 허용한 것으로서 아무런 제한없이 실천할 수 있는 것.
- 하람 : 알라가 무조건 금지한 것으로서, 이를 어긴 사람은 현세에서
　　　법적 처벌뿐만 아니라, 내세에 알라의 벌을 받게 된다.
- 마크루 : 알라가 금지하지는 않았지만, 그 정도가 하람만큼 강경하
　　　지는 않다. 마크루는 하람보다는 완화된 금기로서 이를 어겼
　　　다 해도 하람처럼 처벌을 받지는 않는다.

　이슬람 사회에서 할랄과 하람을 판정하는 것은 매우 민감하며 난해
한 문제이고, 그 어떤 인간에게도 할랄과 하람을 판정할 수 있는 권한
은 주어지지 않았다. 알라의 사도인 무함마드도 예외는 아니다. 할랄과
하람을 결정할 수 있는 권한은 오직 알라에게만 있으며, 알라의 말씀인

이슬람의 집단 예배

꾸란이 그 기준이 된다.

인도의 할랄 표지

　이슬람 사회의 대표적인 특징중의 한 가지인 할랄과 하람은 개인의 지위나 신분과 무관하게 모든 무슬림에게 동일하게 적용되는 이슬람 사회의 규범이다.

　이슬람은 알라가 인간에게 허용한 음식과 의복 등 모든 삶의 즐거움을 권유한다. 알라가 허용한 쾌락마저 금지하고 지나치게 수도사적인 고행을 요구하는 인도의 브라만(Bramanism)이나 자기 자신을 부정하는 기독교의 금욕주의를 이슬람에서는 적절하지 않은 행위로 간주한다. 또한 방종과 지나친 개인의 자유를 허용하고 인간 본연의 성정을 파괴시키며 극단적인 자유를 추구하는 페르시아의 마즈닥(mazdak)도 인정하지 않는다. 즉, 이슬람은 극단을 경계하는 중도적인 성격의 종교로서 할랄과 하람은 이를 실행하기 위한 실질적인 장치이자 기준이라 할 수 있다.

　　"그리하여 하나님은 너희들에게 중용의 한 공동체를 선정했나니 너희는 그 공동체의 증인이 될 것이며 그 선지자가 너희들에게 한 증인이 되리라..." (2:143)[3]

　할랄과 하람의 기원은 이슬람이 나타나기 이전 이 세상이 혼돈과 혼

---

3) 꾸란 구절이다. 이하 동일.

란에 가득 차 있고, 부정한 것과 순수한 것, 해로운 것과 유익한 것이 구분되지 않는 카오스(caos) 상태의 시대로 거슬러 간다.

이슬람 이전시대(AD7세기 중반 이전) 아라비아반도에도 혼돈과 무질서가 가득 차 있었다. 온갖 종류의 우상이 만연했고, 술과 사치, 여성학대와 고문, 여아 매장과 살해와 같은 극단적인 행위가 아무런 제재없이 행해지고 있었다.

"그들이 믿는 신과 우상은 불신자들로 하여금 그들의 자손을 살생하는 것까지도 훌륭한 것이라 유혹했으니 이는 그들로 하여금 그들 스스로를 멸망케 하고 그들의 종교를 혼란케 하고자 함이라 하나님께서 뜻을 두셨다면 그들이 그렇게 행하지 아니했을 것이라..."(6:137)

당시의 사람들은 우상 숭배와 여성 차별 등과 같은 죄악을 저지르고 이를 정당화하기 위한 많은 궤변들을 만들어 냈다. 이들은 자신의 아이(여아)를 죽이고 매장한 후 한동안 곡기를 끊음으로서 그들의 죄를 용서받을 수 있고 이를 통해 자신의 우상에 대한 신앙심을 표현한다고 믿었다. 꾸란에서는 이런 행위들을 경고하고 있다.

"알지 못한 어리석음으로 인하여 그들의 자손을 살해하고 하나님이 그들을 위해 주신 양식을 금기하며 하나님에 대하여 거짓하는 자들은 이미 잃어버린 자들이거늘 그들은 방황하여 바른 길을 따르지 못하더라"(6:140)

이런 혼돈의 시대에 꾸란이 계시된 것이고 할랄과 하람이 정해졌다. 따라서 이슬람의 할랄과 하람은 이슬람 시대 이후에 나타난 새로운 관습이 아니고, 이슬람 이전시대 만연되어 있던 혼란과 잘못된 관행 및 부조리를 정비한 것이며 그 구체적인 수단이 할랄과 하람이다.

하람은 꾸란과 순나에서 규정하고 있으며 제한적인 규정이다. 꾸란과 순나에서 언급되지 않은 것은 할랄로 간주한다. 하디스에 의하면 '알라가 꾸란에서 허용한 것이 할랄이며 금지한 것이 하람이다. 알라가 침묵한 것은 허용된다' 고 언급하고 있다.

할랄을 금하고 하람을 수용하는 것은 이슬람에서 가장 배척하고 경계하는 우상을 숭배하는 행위와 유사한 것으로 간주한다.

할랄과 하람은 특정한 사물이나 분야에 제한된 것이 아니라 알라에 대한 믿음과 경배를 제외한 인간 행위의 모든 부분에 걸쳐 적용된다. 특히, 할랄은 알라가 꾸란에서 언급한 일부 제한을 제외한 모든 것에 포괄적으로 적용된다.

2.2 할랄과 하람의 원리

1. 할랄과 하람의 결정은 알라만의 고유 권한이다.

이슬람에서는 종교적, 세속적 지위와 무관하게 그 어떤 인간에게도 할랄과 하람의 결정 권한을 부여하지 않는다.

이런 이유로 꾸란에서는 성서의 백성들 즉, 유대교와 기독교의 선지
자가 할랄과 하람을 결정하는 것을 인정하지 않는다.

마태복음 18장 18절에서 증언하고 있는 이삭이 하늘에 오르기 전에
허용된 것과 금지된 것을 증언한 것을 꾸란에서는 수용하지 않고 있다.

> "하나님께서 너희를 위해 창조한 일용할 양식을 생각하여 보았
> 느냐 너희는 그중의 일부를 금기하고 일부는 허락하였더라 일
> 러 가로되 하나님께서 그렇게 하도록 허락하셨느냐 아니면 하
> 나님에 대해 거짓하느냐"(10:59)

> "너희 혀들로 거짓하여 이것이 허락된 것이요 이것이 금지된
> 것이라 말하지 말라 이는 하나님에 대해 거짓이거늘 실로 하나
> 님에 대하여 거짓하는 자는 번성하지 못하니라"(16:116)

2. 하람은 그 성질이 순수하지 않고 해롭다.

이슬람에서는 사람에게 해로운 것은 하람이고, 이로운 것은 할랄이
다. 이로움보다 해로움이 크면 하람이며, 해로움보다 이로움이 크면 할
랄이다.

> "술과 도박에 관하여 그대에게 물을 때 일러 가로되 그 두 곳에
> 는 큰 죄악과 인간에게 유용한 것이 있으나 그것의 죄악은 효용
> 보다 크다 또 그들이 무엇으로 자선을 베풀어야 되느냐고 물을

때 일러 가로되 그것은 여분이라 일러라 그리하여 하나님은 너
희에게 계명을 주신 후 너희로 하여금 숙고하도록 하였노라"
(2:219)

할랄은 인간에게 유익한 것이며, 중용을 취하고 특정 집단의 관습과
무관하게 인간들이 일반적으로 수용하는 것이다.

"허락된 것이 무엇이냐 그대에게 묻거든 좋은 것들이라 말하라
또한 하나님의 가르침에 따라 육식동물이 너희를 위해 사냥하
여 온 것도 허락된 것이거늘 이는 하나님이 너희에게 가르친 것
이라 하나님의 이름을 염원하고 하나님을 두려워하라 하나님
은 계산에 빠르시니라"(5:4)
"오늘날 너희들에게 좋은 것들이라 허락되었으니 성서를 받은
자들의 음식이 허락되었고 또한 너희의 음식도 그들에게 허락
되었으며 믿음이 강한 순결한 여성들이여 그대 이전에 성서를
받은 자들의 여성들도 너희가 그녀에게 지참금을 지불하고 그
들과 화목하게 살때는 허락된 것이거늘 간음을 해서는 안되며
내연의 처를 두어서도 아니 되나니 믿음을 부정하는 자는 누구
든 그의 일이 공허하게 되며 내세에서 손실자가 되니라"(5:5)

무슬림들은 알라가 금한 것의 부정이나 해로움이 무엇인지 정확하
게 알려고 하지 않는다. 그 부정이나 해로움은 후대에 깨우쳐 질 수도

있다. 무슬림에게 요구되는 것은 알라의 말씀을 따르고 복종하는 것이다.

알라가 돼지고기를 금한 이유를 과거의 무슬림들은 알지 못했다. 수 세기가 지난 후에 돼지고기에 기생충과 치명적인 박테리아가 기생하고 있음이 밝혀졌다. 그러나 돼지고기의 유해성에 대한 과학적인 발견에 관계없이 무슬림들은 돼지고기를 깨끗하지 않은 것으로 믿고 있다.

3. 할랄은 충분한 것이고 하람은 지나친 것이다.

이슬람에서는 불필요하고 지나친 것을 금지한다. 이슬람은 남자가 실크로 된 옷을 입고 금으로 몸을 장식하는 것은 금하지만, 울이나 면으로 된 옷이나 은반지 등은 허용한다. 간통과 동성애는 금하지만 합법적인 결혼은 권장한다. 취하게 하는 음료는 금지되지만 심신에 유익한 음식과 음료는 권장한다.

이슬람은 무슬림이 고통스러운 삶을 사는 것을 요구하지 않으며 알라가 인간에게 허락한 안락하고 쾌적한 삶을 권장한다. 즉, 고행이나 금욕과 같은 고통을 요구하지 않는다.

4. 하람을 야기시킬 수 있는 것은 무엇이든 하람이다.

이슬람은 하람을 야기시킬 수 있는 모든 원인을 배척한다. 예를 들어 이슬람에서 혼외정사는 하람이다. 따라서 성욕을 자극할 수 있는 선정적인 옷, 남녀간의 비밀스런 모임, 음란한 그림, 노래와 글을 금지한다.

따라서 이슬람 율법학자들은 하람을 야기시킬 수 있는 것은 무엇이든 하람으로 규정하는 기준을 만들었다.

하람의 책임은 이를 어긴 사람에게만 부과되는 것이 아니라, 이를 지지하고 동조하거나 도운 사람에게도 주어진다. 예를 들어, 술을 마시면 술을 마신 자뿐만 아니라, 술을 제공한 자, 술값을 지불한 자도 하람의 대상이다.

5. 좋은 의도라 해도 하람은 허용되지 않는다.

이슬람에서는 선의, 순수한 의도와 목표의 숭고함을 강조한다.

부카리의 하디스에 의하면 '행위는 의도로 판정되고, 모든 사람은 자신의 의도로서 보상받는다' 는 구절이 있다.

알라의 명령과 다른 사람을 위한 사명을 수행하기 위해 자신의 몸을 건강하게 하고 이를 위해 음식을 섭취하는 것은 알라에 대한 헌신으로 간주된다. 자식을 낳기 위해서 또는 아내와의 사랑을 위해서 아내와의 건전한 성생활은 권장되는 것이며 내세에 보상을 받을 행위다. 이처럼 허용되는 행위는 좋은 의도가 뒷받침되어야만 하며 알라를 위한 헌신이어야 한다.

그러나 그 의도와 목적이 아무리 숭고하다 해도 하람은 허용되지 않는다. 즉, 목표뿐만 아니라 이를 위한 수단도 숭고해야 하고 순수해야 한다.

---

4) 이슬람의 율법이다. 부록3 참조.

'목표가 수단을 정당하게 한다'는 샤리아[4]의 정신이 아니다. 이슬람 사원을 짓기 위해서, 자선을 위해서 또는 선행을 하기 위해서 고리대금, 사기와 도박을 하는 것은 정당화될 수 없다. 이슬람에서 선한 의도와 훌륭한 목표라 해도 하람으로 인한 죄를 경감시키지는 못한다.

6. 하람은 모든 사람에게 금지된다.

샤리아에서 하람은 보편적인 가치이며 모든 사람에게 동일하게 적용된다. 비아랍인에게 금지되는 것이 아랍인에게 허용된다거나, 흑인에게 금지되는 것이 백인에게 허용되는 경우는 없다. 개인의 지위나 출신에 따른 차별 적용도 없다. 예를 들어 절도는 무슬림이건, 비무슬림이건 간에 모두에게 금지된다. 처벌도 동일하다.

부카리의 하디스에는 '맹세코 내 딸인 파티마가 도둑질을 했다면 나는 그녀의 손목을 자를 것이다'라는 구절이 있다.

이슬람은 하람의 범주를 제한하는 동시에 이를 위반시에는 엄격하게 그 처벌을 시행한다. 하람을 일으킬 수 있는 원인 그 자체도 하람이며 하람을 돕거나 방조하는 것도 하람이다. 하람을 합리화하려는 그 어떤 시도도 하람이다.

그러나 이슬람에서는 절박한 필요성이 있거나 긴급한 상황에서는 하람의 예외를 인정하고 있다. 예를 들어 생명의 유지를 위해서 필요한 최소한의 하람인 음식의 섭취(죽은 동물의 고기, 피, 돼지 고기 등)는 허용된다.

이슬람 율법학자들은 위의 꾸란 구절에 근거해서 '필요가 예외를 만든다' 고 규정하고 있다.

> "죽은 고기와 피와 돼지고기를 먹지말라 또한 하나님의 이름으
> 로 도살되지 아니한 고기도 먹지 말라 그러나 고의가 아니고 어
> 쩔 수 없이 먹을 경우는 죄악이 아니라 했거늘…" (2:173)

이슬람 사회는 닫힌 구조가 아닌 열린 구조의 특징을 갖고 있다. 이에 따라 법률적인 기준도 허용하는 것을 제외한 나머지는 모두 금지한다는 폐쇄적 구조가 아니라, 금지된 것 외에는 모두 허용한다는 개방적 구조를 갖고 있다.

이런 사회의 특징을 가장 잘 보여 주고 있는 것이 할랄과 하람이다. 이는 무슬림의 삶을 제한하기 위한 것이 아니라 보다 자유로운 삶을 보장하기 위한 최소한의 사회적 약속이며 공동체 유지를 위한 장치로 파악해야 한다.

III 이슬람에서의 예절

Ⅲ 이슬람에서의 예절

3.1 알라에 대한 예절

무슬림은 알라가 인간에게 베푸신 끝없는 사랑에 감사해야 한다. 무슬림은 어머님의 자궁에 잉태된 그 순간부터 알라를 만날 때까지 계속되는 알라의 무한한 자비를 기억해야 한다. 따라서 무슬림은 예의를 갖추고 알라를 찬양하고 복종함으로서 그에게 보답해야 한다. 알라에게 자비를 받은 자가 배은망덕한 행동을 취한다거나 알라의 은총을 거절해서는 안된다. 이것이 무슬림이 알라에게 취해야 할 행동이다. 꾸란에서는 다음과 같이 말했다.

"너희가 나를 염원하매 나는 너희를 잊지 아니하리니 내게 감사하고 거역하지 말라"(2:152)

알라는 사랑이다.

"그분은 너희가 요구한 모든 것을 너희에게 베푸시매 실로 너희가 알라의 은혜를 세어 헤아려 보려하나 헤아릴 수 없으니 실로 인간은 우매하여 감사할 줄 모르더라"(14:34)

"너희에게 베풀어지는 모든 은혜는 알라로부터 오는 것으로 너
희에게 고난이 있을 때 그분에게만 구원하라"(16:53)

무슬림은 알라는 어떤 상황에서도 모든 것을 꿰뚫어 보고 있다는 것
을 기억해야 한다. 무슬림은 알라에 대한 경외심과 존경심을 항상 가져
야 한다. 이것이 알라에 대한 무슬림의 자세다.

"그대가 어떤 일에 있던 또는 꾸란에서 무엇을 낭송하던 또는
너희가 무엇을 하던 알라는 너희에게 주인이시니 이는 너희가
그 안에 깊이 빠져있을 때라. 천지의 티끌 하나도 알라로부터
회피할 수 없으니 그것보다 작은 것도 큰 것도 모두가 성서에
기록되어 있노라"(10:61)

"알라는 너희가 감추는 것과 밖으로 나타내는 모든 것도 알고
계시나니"(16:19)

무슬림은 인간에 대한 알라의 능력을 깨닫고 자신의 미래가 알라께
달려 있음을 알아야 한다. 알라로부터 벗어날 길이 없으며 알라를 제외
한 피신처가 없음을 무슬림들은 알아야 한다. 따라서 무슬림은 알라를
믿고 자신을 알라에게 맡겨야 한다.

"실로 나는 나의 주님이요 너희의 주님인 알라께 의탁하노라

모든 생명체가 그분의 권능 안에 있어 그분이 모든 것을 주관하
시니 실로 나의 주님이 올바른 길이라"(11:56)

무슬림은 알라가 얼마나 관대하고 동정심이 많은지 깨달아야 한다.
무슬림은 자신과 모든 창조물에 대한 알라의 자비를 생각하고 더욱 많
은 자비를 받도록 노력해야 한다.
무슬림은 겸손과 기원으로 알라께 복종해야 한다. 최고의 찬사와 선
행으로 알라께 다가 갈 방법을 찾아야 한다. 이것이 알라에 대한 예의
이고 적절한 행동이다.

"선을 실천한 자 그에게는 열배의 보상이 있으며 악을 끼친 자
그에게는 그와 같은 것 외에는 다른 것이 보상되지 아니하니 어
느 누구도 부정한 대우를 받지 않노라"(6:160)

'내가 원하는 자에게 벌을 내릴 것이라. 그러나 나의 자비가 모
든 것을 포용하나니 알라를 경외하고 자선을 베풀며 알라의 말
씀을 믿는 자들에게 은혜가 있게 하리라"(7:156)

"믿음으로 선을 행하는 모든 남녀에게 알라는 행복한 삶을 부
여할 것이며 또한 알라는 그들이 행한 선에 대하여 최상의 것으
로 보상하리라"(16:97)

"스스로에 대하여 죄지은 나의 종들이여. 알라의 은혜에 대한 희망을 저버리지 말라 알라는 모든 실수들을 사하여 주시나니 실로 알라는 관용과 자비로 충만하심이라"(39:53)

"알라는 그분의 종들에게 자비로와서 그분이 원하는 자에게 일용할 양식을 주시노라. 실로 그분은 강하심과 권능으로 충만하심이라"(42:19)

무슬림은 알라의 준엄한 힘과 벌을 기억해야만 한다. 따라서 알라께 복종하고 그에게 불복하지 않도록 노력해야 한다.

"알라의 말씀들을 배반하는 자 그들에게는 엄한 벌이 있을 것이라. 알라는 강하시어 그들을 패배하게 하시니라"(3:4)

"모든 인간에게는 그의 앞과 뒤에 천사들이 있어 알라의 명령으로 그를 지켜보고 계심이라. 실로 알라께서는 사람들이 저들의 마음속에 있는 것을 바꾸기 전에는 저들의 상태를 변화시키지 아니 하시니라 알라가 그 백성에게 고난을 주려 하실 때는 어느 누구도 막아낼 수 없으니 하나님 외에는 보호자가 없느니라" (13:11)

"알라와 선지자에게 순종하고 알라를 두려워하며 경외하는 자

가 승리하노라"(24:52)

"너희 주님에 대한 잘못된 생각이 너희를 멸망케 하여 너희가
손실중에 있게 되었노라"(41:23)

"실로 그대 주님의 응벌은 엄하니라"(85.12)

결론적으로 무슬림은 알라가 베푸신 자비에 감사하고 그를 신뢰해
야 하며 죄를 사해주는 알라께 감사하고 겸손하며, 알라의 벌을 두려워
해야 한다.

무슬림이 이런 사항을 지키면 지킬수록 알라 안에서 그의 위치는 더
욱 높아질 것이다. 또한 알라의 더욱 많은 축복을 받고 알라의 헌신적
인 종이 될 수 있을 것이다.

3.2 꾸란에 대한 예절

무슬림은 알라 말씀의 신성(神性)과 영광과 가치를 믿고 있다. 또한
꾸란은 알라의 말씀이며, 꾸란에 대해 말하는 사람은 누구든지 진실을
말하는 것이고, 꾸란에 따라 판단하는 것은 공정하게 판단하는 것이라
고 무슬림들은 믿고 있다. 또한 무슬림들은 꾸란을 믿는 백성은 알라의
백성이고 꾸란을 믿는 사람은 성공적인 삶을 사는 것이라고 생각한다.
따라서 꾸란을 외면하는 자는 실패한 삶을 사는 것이라고 생각한다.

알라 말씀의 존귀함과 위대함을 담고 있는 꾸란에 대한 무슬림의 믿
음은 알라의 사도인 무함마드의 증언에 의해 더욱 분명해 졌다.

하디스에서 사도 무함마드는 '꾸란을 읽어라. 꾸란은 부활의 날에 알라의 중재자로서 나타날 것이다', '너희 중 가장 훌륭한 자는 꾸란을 배우고 가르치는 자다, '꾸란의 백성은 알라의 백성이고, 그의 특별한 종이다, '쇠가 녹쓰는 것처럼, 심장도 녹이 쓴다. 심장의 녹을 방지하는 방법은 꾸란을 암송하고 죽음을 기억하는 것이다'라고 언급하고 있다.

무슬림에게 꾸란이 허용한 것은 허용되고, 금지한 것은 금지된다. 무슬림은 꾸란이 행동하도록 가르치는 것에 따라서 행동하고 예의를 갖추어야 한다.

꾸란을 암송할 때 무슬림은 다음의 예의를 갖추어야 한다.

1) 끼블라[4]를 향하고 가장 청결한 상태에서 경건한 상태로 꾸란을 암송해야 한다.
2) 꾸란을 천천히 암송하고 서둘지 않는다. 3일 밤 이상 꾸란을 암송한다. 사도 무함마드는 압둘라 빈 우마르(Abdullah bin Umar), 압둘라 빈 마스우드(Abdullah bin Mas`ud), 우스만 빈 아판(`Uthman bin Affan), 자이드 빈 사비트(Zaid bin Thabit)에게

---

4) 카바 신전이 있는 사우디아라비아의 맥카 방향으로서, 전 세계 무슬림들이 하루에 다섯 번씩 예배를 드리는 방향이다.(역자주)

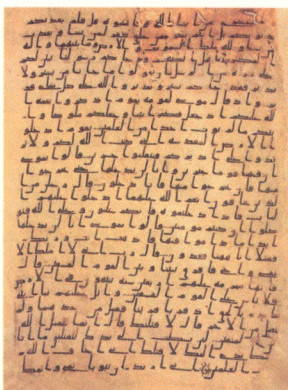

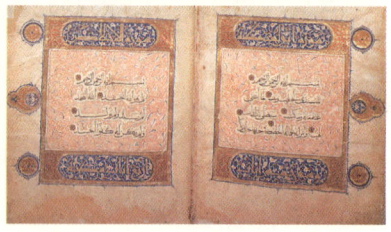

A.D. 7세기의 꾸란의 모습

위)A.D. 9세기의 꾸란의 모습
아래)A.D. 13세기의 꾸란의 모습

일주일에 꾸란을 한 번 암송하도록 했다.

3) 꾸란을 암송하는 동안 알라를 두려워하고 겸손해야 한다.

4) 꾸란을 암송하는 동안 목소리를 아름답게 해야 한다. 하디스에서 사도 무함마드는 '너의 목소리로서 꾸란을 아름답게 하라', '꾸란을 읽으면서 목소리를 아름답게 하지 않는 자는 우리의 형제가 아니다' 라고 언급하고 있다.

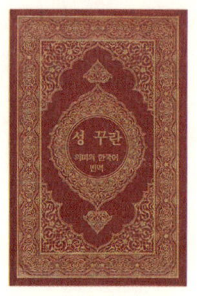

5) 남에게 보이는 것을 꺼려 하거나, 기도하는 사람들을 방해할 우려가 있으면 개인적으로 꾸란을 암송해야 한다. 하디스에서 사도 무함마드는 '꾸란을 크게 암송하는 사람은 공개적으로 자선을 베푸는 사람과 같다' 라고 언급하고 있다.

꾸란 한국어판 해설서

6) 꾸란의 의미를 이해하기 위해서 곰곰이 생각하며 암송해야 한다.

7) 주의를 집중하지 않거나, 말하는 대로 행동하지 않을 때 꾸란을 암송해서는 안된다. 이는 자신에 대한 저주가 될 수 있다.

8) 꾸란은 항상 오른 손으로 들어야 한다.

9) 분만, 생리중인 여자는 꾸란을 읽거나 만져서는 안된다.

10) 모여서 함께 꾸란을 읽거나 공부하는 것은 권장된다.

11) 꾸란은 역사, 지리, 과학에 대한 내용을 담고 있지만, 이 책의 본질은 인간 삶에 대한 지침서다. 따라서 꾸란은 단순히 암기에 그치는 것이 아니라 생활과 행동에 반영해야 한다.

12) 꾸란을 사고 팔 때 가격을 표시해서는 안된다. 또한 매매를 할 때 사용하는 일반적인 언어나 어조는 피해야 한다.

13) 꾸란을 읽거나 암송할 때는 꾸란의 암송법인 타즈위드(At-tajwid)를 따라야 한다.

3.3 알라의 사도에 대한 예절

무슬림은 사도 무함마드에 대해 완전한 복종과 존경을 표해야 한다. 사도 무함마드에 대한 존경과 복종은 아래의 꾸란 구절에 근거한다.

"너희가 알라를 사랑한다면 나를 따를 것이라. 그리하면 알라께서 너희를 사랑하사 너희의 죄를 사하여 주시니 알라는 용서와 자비로 충만하시니"(3:31)

"그들이 그대로 하여금 분쟁을 조정케 하고 그대가 조정한 결정에 대하여 만족하고 그에 순응하지 아니할 때 그들은 결코 믿는 신앙인이라 할 수 없노라"(4:65)

"알라가 그대에게 성서를 계시했나니 이로써 백성들을 다스릴 것이라 알라는 그대를 주시하고 계시나니 믿음을 배반하는 자를 변호하지 말라"(4:105)

"그대에게 계시한 율법으로 그들을 재판하되 그들을 알라가 계시한 바에 따라 재판했다면 그들의 요구를 따르지 말며 알라가 그대에게 계시한 것으로부터 그들의 이탈함을 경계하라. 만일 그들이 배반한다면 알라는 그들에게 그들의 죄악으로 말미암아 그들에게 벌이 내림을 그대는 알라"(5:49)

"알라와 그분의 선지자를 믿는 이들만이 신앙인들이라"(24:62)

"선지자를 부름에 너희가 너희 사이에 부르듯 부르지 말라"(24:63)

"믿는 사람들이여 알라께 순종하고 선지자에게 순종하라 그리고 너희들의 행위를 헛되게 하지 말라"(47:33)

"믿는 사람들이여 알라와 그 분의 선지자 앞에서 자신을 앞세

우지 말고 알라를 두려워하라 실로 알라는 모든 것을 들으시고
아시니라"(49:1)

"믿는 사람들이여 예언자의 목소리보다 너희의 목소리가 높아서는
아니 되나니 그분과 대화할 때는 소리를 높여서는 아니 된다" (49:2)
"알라의 선지자 앞에서 목소리를 낮추는 자들은 알라께서 그들
의 경건함을 시험한 자들이라 실로 그들에게는 관용과 큰 보상
이 있노라" (49:3)

"선지자께서 너희에게 준 것은 수락하되 그분께서 금기한 것은
거절하고 알라를 두려워하라 실로 알라는 엄한 징벌을 내리시
니라"(59:7)

이처럼 꾸란에서는 알라의 대리인으로서 사도 무함마드의 지위를
십여 곳에 걸쳐 분명히 제시하고 있고, 그에게 절대 복종할 것을 요구
하고 있다. 또한 사도 무함마드에게는 무슬림을 바른 길로 인도하는 책
무를 부여하고 있다. 즉, 사도 무함마드 자신의 완전함은 무슬림들에게
달려 있고, 사도 무함마드의 행복은 무슬림들에 의해 완성된다는 상호
보완적인 관계를 맺고 있다 하겠다.
　무슬림들은 사도 무함마드에 대한 절대적인 존경심과 충성을 표시
하고 있으며, 구체적으로 아래와 같은 예의를 표한다.

이 세상에 관련된 모든 일에 있어서 그에게 완전히 복종한다. 상대가 누구든지 간에 사도보다 더 사랑하고 존경하는 이가 있어서는 안된다.

3) 사도에 대한 사랑과 충성심을 가져야 한다. 사도가 싫어하는 것은 싫어해야 하고, 사도가 좋아하는 것은 좋아해야 한다.

4) 사도의 이름이 언급될 때마다 존경을 표시해야 하고 그를 위해 기도하고 축복해야 한다.

5) 종교적인 것이든 세속적인 것이든 사도가 말하는 것에 대해 절대적인 믿음을 가져야 한다.

6) 사도의 순나를 재생해야 하고 그의 법을 공개적으로 실행하고, 그의 메시지를 전달하며 그의 충고와 유언을 실행해야 한다.

7) 사도의 무덤과 사원에서 목소리를 낮추고 존경을 표해야 한다.

8) 사도의 사랑을 알고 그에 대한 충성을 보여야 한다. 사도가 싫어한 악인은 싫어해야 한다.

사도 무함마드가 사용한 검 - 터키박물관 소장

IV 사회 공동체에서의 예절

IV 사회 공동체에서의 예절

4.1 인사

아랍어에는 만나면 나누게 되는 정형화된 인사와 예의 그리고 우호적인 표현이 매우 풍부하다. 이와 같은 전통적인 아랍어 표현을 이해하고 사용할 수 있다면, 만나는 아랍 사람들로부터 존경을 받게 되고, 아랍사회에서 교분을 쉽게 쌓을 수 있다.

아랍세계에서 인사말은 보통 길고, 일종의 의식으로서 행해지고 있다. 방에서나 사무실에서 자주 악수하게 되며 그것도 오랫동안 악수하는 것을 볼 수 있다. 심지어 악수 후에도 대화 도중 손을 서로 잡고 있기도 한다. 하루에 몇 번을 만난다 하더라도 반갑게 인사말을 나눈다. 같은 인사를 나누면서 말이다.

처음 만났을 경우라도 똑같은 인사말을 자주 반복하거나 내용이 비슷한 인사말을 자주 사용한다. 꾸란에서도(4장 86절) 인사를 받았을 때는 인사를 건넨 사람의 표현만큼 하거나, 더 나은 인사말로 응답하라고 하였으며 하디스에 따르면 사도 무함마드 역시 인사를 중요한 덕목(말을 하기 전에 인사를 먼저 하라)으로 가르쳤다.

이와 같은 전통적인 인사법을 간략히 줄여버리는 것은 아랍 사람들

인사를 나누고 있는 무함마드.

에게는 예의에 벗어나는 일로 간주되며, 무례라고 생각한다.

무슬림들의 언어(아랍어)에 끼친 이슬람의 영향은 매우 크다. 인사와 호의를 표시하는 데에 '알라'란 단어가 자주 입에 오르내린다.

무슬림은 알라에게만 절을 하기 때문에 나이 어린 사람이 나이 많은 사람에게 인사를 하거나 고개를 숙이지 않는다. 따라서 내가 어른이라고 해서 아랍인으로부터 인사를 기대해서는 안 되며, 버릇없다고 단정해서도 안 된다. 그러나 이와는 반대로 상대방이 어른이라면 우리 방식대로 인사를 해도 무방하다.

인사의 방법으로 여성의 경우, 오른 손을 서로 맞잡고 그 손을 입 쪽으로 가져간다. 그리고 볼에 키스할 때와 같이 키스하는 소리를 낸다. 여성들은 그 때의 기분 여하에 따라 서로 손에 키스하거나 입술에 키스하는 수도 있다. 볼에는 흔히 키스의 소나기를 퍼붓는다.

젊은이들의 경우, 상대가 가까운 친척이나 연장자인 경우 그들의 손에 키스한다. 이 때 '앗살람 알라이쿰'(하나님의 평화가 여러분과 함께, 즉 안녕하세요)하고 인사한다. 꾸란에서도(제 6장 54절) 하나님을 믿는 자들이 왔을 때 '살람 알라이쿰'(평화를 드립니다)라고 말하라고 하였다.

개인이건 집단이건 가장 보편적이며 격식을 갖춘 인사 중 하나가 바로 '앗살람 알라이쿰'으로서, 이것이 아랍 베두인의 전통적인 인사법으로 오늘날 아랍인이건 비 아랍인이건, 무슬림이건 비 무슬림이건 간에 널리 쓰이고 있다. 원래는 '평화가 여러분과 함께 또는 그대에게 깃드소서'라는 뜻이나, 영어의 'Hello'에 해당한다고 외국인들은 주장하기도 한다.

인사 후 그 사이에 손님은 몸을 가볍게 굽히고 먼저 오른 손을 가슴, 입술, 이마 쪽으로 옮겨가기도 하는데 이 몸짓은 '당신은 나의 마음, 나의 말, 나의 생각 속에 있다'는 뜻이다.

친구끼리는 악수를 하지만, 매우 친한 사이이거나 오랜만에 만났을 때는 포옹하거나 이마나 어깨에 키스할 수도 있다. 특히 동성 간에는 포옹이 일반적이다. 포옹의 관습은 메카의 우상 숭배자들의 박해 끝에 메디나로 피신, 이주한 메카 이주민과 메디나 원주민사이에 서먹함을 없애고 상호 협력을 강조하기 위하여 예언자 무함마드가 마당에 모인 두 집단에게 포옹을 지시한 것으로부터 연유한다.

인사를 받으면 아랍어로 반드시 이에 대답해야 한다. 즉 '와 알라이쿰 앗쌀람'이다

사도는 무슬림 옆을 지나가면서 인사하지 않는 무슬림을 보고 천사가 충격을 받았다고 말했다. 그는 또 이미 알고 있는 사람이나 모르는 사람이라도 반드시 인사를 해야 한다고 언급했다.

인사말 속의 평화는 하나님(알라)의 평화이기 때문에 이 인사는 가장 아랍적이고 이슬람적인 표현이라 할 수 있고, 따라서 오늘날 외국인

이라도 이 인사를 자주 이용하는 것이 괜찮다.

　서구와는 달리, 먼저 인사를 하는 쪽은 항상 새로 도착한 사람이다. 당신이 새로 온 사람에게 먼저 환영 인사를 할 경우, 경솔하게 보거나 점잖지 못하다고 볼 수 있다.

　또한 하디스에 따르면 인사의 순서는 말 탄 사람이 걸어가는 사람에게, 걸어가는 사람이 서 있는 사람에게, 서 있는 사람이 앉아 있는 사람에게, 그리고 수가 적은 무리가 수가 많은 무리에게 먼저 하는 것이 상식이다. 그러나 연령과 지위, 상황 등에 따라 우선 순위가 다소 바뀔 수도 있다. 예를 들어 혼자인 사람은 전체에게, 젊은이는 연장자에게 먼저 인사할 수도 있다. 또한 젊은이라도 그 사람의 사회적 지위가 높을 경우는 예외에 속한다.

　서로 정성을 다한 환영의 말이 여러 번 되풀이된다. 모든 감사에는 당연한 것으로서 신의 존재를 생각하게 한다. 받은 은혜에 보답할 수 있는 것은 신의 힘밖에는 없고 감사도 신의 축복을 통해 하게 된다. '신의 은총을' 등이 아랍인 사이의 전형적인 답례 인사로 되어 있다.

　말과 더불어 몸짓이 따르는 경우도 많은데 그 몸짓은 애정의 상징으로서 가슴의 중앙에 오른 손을 댄다.

　위와 같은 인사를 주고받은 후 모든 사람들이 착석(着席)했을 경우, 주인이 아침 또는 저녁 인사를 하게 되어 있다.

　일단 위에서처럼 인사를 하고 나면 서로 건강에 관한 안부를 묻게 된다. 아랍어에서는 건강과 관련하여 대답할 때 영어의 '고맙다'에 해당되는 말을 쓰지 않고 하나님께 그 공을 돌린다(알 함두 릴라).

주의할 것은 대화 도중 남성은 상대방의 아내에 관해서는 가급적 직접적으로 묻지 않는다. 그 대신 남성은 상대방의 부인에 대해 '당신의 옆', '당신의 가정' 이라는 표현을 우회적으로 사용한다. 물론 친척끼리는 상대방의 아내에 대해 직접 안부를 묻는 것은 괜찮다.

　　헤어질 때의 표현에서도 상대방에게 하나님의 평화와 가호를 빌게 되며, 역시 이에 상응하는 표현이 뒤따라야 한다.

　　하디스가 전하는 바에 의하면 '무슬림이 동료 무슬림에게 반드시 서둘러 해야 할 일은 다섯 가지가 있는데 그것은 인사에 대답하기, 병문안 가기, 장례식에 참석하기, 초대에 응하기, 재채기했을 때 답하기'라고 할 정도로 적절한 인사를 주고받는 것은 이슬람공동체에서 중요한 사회 생활 가운데 하나이다.

예비부부 -레바논-

4.2 부부

무슬림 사회에서는 부부간에 공통적으로 지켜야할 예의가 있다. 이는 부부 상호간의 권리이기도 하다. 부부간의 예의에 대해서 꾸란에서는 다음과 같이 언급하고 있다.

"여성과 남성이 똑같은 권리가 있으나 남성이 여성보다 위에 있나니"(2:228)

이 구절은 부부가 상대에 대한 권리를 갖고 있음을 분명히 말해 주고 있다. 그러나 이 구절은 특히 남자들에게 부가적인 권리가 있음을 말해 주고 있다. 부부간의 권리는 부부 모두에게 공통적으로 적용되는 것이 있는 반면, 어느 일방에게만 적용되는 것도 있다.

4.2.1 부부에게 공통적으로 적용되는 권리와 의무

1. 성실과 정직

성실과 정직은 부부 모두에게 절대적인 의무다. 어떤 경우에도 큰일이든, 작은 일이든 상대를 속여서는 안되며, 개인적인 경우든 공적인 경우든 두 사람의 삶에는 진실과 정직이 있어야 한다.

2. 사랑과 자비

부부는 일생동안 서로에게 사랑과 자비를 베풀어야 한다.

"용서는 정의에 가장 가까운 것이거늘 양자 사이에 서로가 관대할 것을 잊지 말라"(2:237)

"너희 자신들로부터 배필을 창조하여 그 배필과 함께 살게 하심도 그분 예증의 하나이며 그분은 또한 너희간에 사랑과 자비를 주셨으니 실로 그 안에는 생각하는 백성을 위한 예증이 있노라"(30:21)

3. 상호간의 신뢰

부부 상호간은 확실한 신뢰가 있어야 하며 상대방의 정직, 진실, 사랑에 대해 조금의 의심도 있어서는 안된다. 부부간의 신뢰와 사랑의 고리는 형제간의 그것 이상이다.

"너희는 이미 서로가 동거하여 생활하였고 그들은 너희로부터 엄숙한 맹세를 하지 않았느냐"(4:21)

4. 훌륭한 예절

훌륭한 예절은 상대를 대할 때 친절과 미소와 좋은 말씨와 존경으로 대하라는 의미다.

"믿는 신앙인들이여 강제로 여성들을 유산으로 남기는 것은 허락되지 아니하며 그녀들이 재혼하려 할 때 방해하지 말 것이며 너희가 그녀들에게 준 것의 일부를 빼앗기 위해 그녀들을 학대해서도 아니 되나라. 그녀들이 분명한 비행을 저질렀을 경우는 예외라 그녀들과 의롭게 살 것이며 만일 너희가 그녀들을 싫

어한다면 이는 알라가 주신 풍성한 선행의 일부를 증오한 것이
라"(4:19)

사도 무함마드는 하디스에서 '나는 당신에게 여자들에게 잘 대해주
라고 충고한다' 라고 언급하고 있다.

4.2.2 아내에 대한 남편의 의무

1) 남편은 자신이 식사할 때 아내도 식사할 수 있도록 해야 하고, 남
편이 옷을 입을 때에는 아내에게도 옷을 입혀야 한다.

만약 아내가 남편에게 반항할 때에는 알라가 여자를 교육시키는 방
법으로 아내를 교육시켜야 한다. 우선, 아내를 모욕하지 않고서 그녀에
게 충고한다. 아내가 순종하면 더 이상 추궁하지 않는다. 아내가 순종
하지 않으면 잠자리를 같이 하지 마라. 아내가 순종하면 잠자리를 같이
하라. 여전히 아내가 순종하지 않으면, 얼굴을 제외한 신체 부위를 가
볍게 때려도 좋다. 이때 멍이 들거나, 피를 흘리거나, 피부가 찢어지거
나, 뼈가 부러져서는 안된다.

> "남성은 여성의 보호자라 이는 알라께서 여성들보다 강한 힘을
> 주었기 때문이라. 남성은 여성을 그들의 모든 수단으로써 부양
> 하나니 건전한 여성은 헌신적으로 남성을 따를 것이며 남성이
> 부재시 남편의 명예와 자신의 순결을 보호할 것이라. 순종치 아
> 니하고 품행이 단정치 못하다고 생각되는 여성에게는 먼저 충
> 고를 하고 그 다음으로는 잠자리를 같이 하지 말 것이며 셋째로

는 가볍게 때려 줄 것이라. 그러나 다시 순종할 경우는 그들에게 해로운 어떠한 수단도 강구하지 말라"(4:34)

사도 무함마드는 하디스에서 '남편은 아내를 부끄럽게 해서는 안되고, 집에서 아내의 기대를 저버려서도 안된다', '남편이 옷과 음식으로 아내를 잘 대해 주는 것은 아내의 권리다' 라고 언급하고 있다.

2) 남편은 아내가 이슬람에 대해 공부하고 싶어하면 가르쳐야 한다. 또한 그녀가 이슬람에 대한 공부를 할 수 있는 강연에 참석하는 것을 (본인은 참석하지 못하더라도) 허락해야 한다. 이는 비록 밤이라도 예외가 없다.

사도 무함마드는 '알라의 여자들이 알라의 사원에 가는 것을 방해하지 마라. 너희들중의 아내가 사원에 가는 것을 막지 마라. 비록 밤에 사원에 가더라도 막지 마라' 고 말했다.

아내가 이슬람을 제대로 공부하고, 영혼을 정화시키는 것은 그녀가 음식을 구하는 것보다 못하지 않기 때문이다.

"믿는 사람들이여 인간과 돌들이 연료가 되어 타고 있는 불로부터 너희 자신과 너희 가족을 구하라 그 위에 천사가 있어 알라께서 명령한 대로 거역하지 아니하고 명령받은 대로 엄하게 행 할 뿐이라"(66:6)

아내는 가족의 일원이며 신념과 선행으로 그녀를 지옥 불로부터 보호해야 한다. 선행은 지식과 깨달음을 필요로 하기 때문에 샤리아에서 요구하는 대로 선행을 실천해야 한다.

사도 무함마드는 '여자들에게 잘 대하라, 그녀들은 너희들의 포로와 도 같은 사람이다' 라고 말했다. 이 경고는 아내가 이슬람을 제대로 알 기 원하면 가르쳐야 하며, 바른 인생을 살기 위해 필요로 하는 것을 가 르쳐야 한다는 의미를 포함하고 있다.

3) 남편은 아내에게 이슬람의 가르침과 예절을 가르쳐야 한다.

아내가 이슬람의 가르침에서 벗어날 때에는 그녀를 나무라야 한다. 남편은 아내가 히잡을 쓰도록 해야 하고 그녀의 아름다움이 노출되지 않도록 해야 한다. 남편은 아내가 결혼할 수 없는 그녀의 남자 친척을 제외한 다른 남자들과 어울리지 못하도록 해야 한다. 동시에 남편은 아 내에게 그녀가 자신을 보호할 수 있는 모든 방안을 제공해야 한다.

남편은 아내가 인격과 종교를 해치는 어떠한 행동도 하지 못하도록 해야 한다. 남편은 아내가 알라와 그의 사도의 명령에 위반하는 행동을 하지 않도록 해야 한다. 사도 무함마드는 '남자에게는 그의 가족에 대 한 책임이 있다' 라고 말했다.

4) 남편이 아내를 여럿 두었다면 그녀들을 공평하게 대해야 한다. 음 식, 음료, 의복을 포함한 생활의 모든 면과 잠자리도 공평하게 해야 한 다. 이것들 중 어느 한가지라도 공평하게 대하지 못한다면 남편은 죄를 범하는 것이다.

5) 남편은 아내의 개인적인 문제점과 단점을 타인에게 퍼트려서는 안된다. 남편은 아내의 보호자이기 때문에 아내의 명예를 지켜 주어야 한다.

4.2.3 남편에 대한 아내의 의무

1) 아내는 남편에게 복종해야 한다.

사도 무함마드는 '남편이 아내를 침대로 불렀는데 아내가 오지 않았다면 그는 그 밤을 노여움으로 보낼 것이고, 천사는 아침이 될 때까지 아내를 저주할 것이다' 라고 말했다.

2) 아내는 남편의 명예와 존엄성을 지켜야만 한다. 아내는 남편의 재산, 아이와 가정을 지켜야 한다. 사도 무함마드는 '아내는 남편과 아이의 보호자이다. 아내의 의무는 가족들이 싫어하는 사람을 집안에 들이지 않는 것이다' 라고 말했다.

3) 아내는 남편의 허락 없이는 집을 떠나서는 안된다. 아내는 항상 시선을 낮추고 목소리를 낮게 하며, 나쁜 것에 손이 닿지 않도록 하며 저속하고 음란한 말을 경계해야 한다. 아내는 부모와 가까운 친척들을 해쳐서는 안된다.

"믿는 여성들에게 일러 가로되 그녀들의 시선을 낮추고 순결을 지키며 밖으로 나타내는 것 외에는 유혹하는 어떤 것도 보여서는 아니 되나라. 그리고 가슴을 가리는 머리 수건을 써서 남편과 그녀의 아버지, 남편의 아버지, 그녀의 아들, 그녀의 형제, 그녀 형제의 아들, 그녀 자매의 아들, 성욕을 갖지 못한 하인, 그리고 성에 대한 부끄러움을 알지 못하는 어린이 외에는 드러내지 않도록 하라 또한 여성이 발걸음 소리를 내어 유혹함을 보여서는 아니 되나니"(24:31)

"예언자의 아내들이여! 너희는 다른 여성들과 같지 않나니 만일 너희가 알라를 두려워한다면 남성들에게 나약한 말을 하지 말라. 마음이 병든 남성들이 너희에게 욕정을 갖노라 필요하고 정당한 말만함이 좋으니라"(33:23)

"너희 가정에 머무르고 옛 무지의 시대처럼 장식하여 내보이지 말며 예배를 행하고 이슬람 세를 내며 알라와 선지자께 순종하라 실로 하나님께서는 예언자 가문의 모든 불결함을 제거하여 한 점의 티도 없이 순결케 하셨노라"(33:33)

사도 무함마드는 '당신이 그녀를 보았을 때 당신이 즐겁고, 그녀에게 명령했을 때 그녀가 순종하며, 당신이 없을 때 그녀 자신과 당신을 재산을 잘 지키는 여자가 최고의 여자다' 라고 말했다.

4.3 이웃

무슬림 사회에서는 알라와 심판의 날을 믿는 사람은 이웃에게 관대해야 하고, 말이나 행동으로 이웃에게 상처를 입혀서는 안 된다는 점 등 이웃에 대한 예의와 권리를 강조하고 있다.

> "부모에게 효도하고 친척과 고아와 불쌍한 사람들과 이웃 친척과 친척이 아닌 이웃과 주변의 동료와 방랑자와 너희가 소유하고 있는 종복들에게 자선을 베풀라 알라는 오만하고 거만한 자들을 사랑하시지 않으시니라" (4:36)

사도 무함마드에게 낮에는 단식을 하고, 밤에는 기도를 하지만, 이웃에게 해를 끼친 여인에 대해 묻자, 사도는 '그녀는 불지옥에 떨어질 것이다'라고 대답했다.

이슬람에서 이웃의 범위는 단순히 옆집에 사는 사람뿐만이 아니라 그 범위가 더욱 확장된다. 이웃과 그의 가족은 대한 예절은 이슬람에서 특히 강조되며 이는 사도 무함마드의 가르침이기도 하다.

이슬람에서 이웃에 대한 예절은 다음과 같다.
1) 이웃이 도움을 필요로 할 때 돕고, 아프고 괴로울 때 위로하고, 좋은 일이 있으면 축하하며, 만나면 먼저 인사하고, 친절하게 말한다.
2) 이웃의 아이들에게 점잖게 대하며, 잘못에 관대하고, 인생과 종교에 대한 모범을 보인다.

3) 사생활을 알려고 하지 않는다.

4) 이웃의 가족들 앞에서 이웃을 무시하지 않는다. 이웃이 먼저 허락
하지 않는 한 이웃 부근의 땅을 팔거나 임대해서는 안된다.

5) 밤에 목소리를 높이거나 큰 소리로 노래를 부름으로서 이웃에게
피해를 주어서는 안된다.

6) 생일, 결혼 등에 이웃을 초대하거나 병 문안, 문상 등은 이웃과 돈
독한 관계를 유지할 수 있는 좋은 방법이다.

7) 이웃으로부터 부당한 대우를 받는다 해도 참아야 한다. 참는 것이
문제를 해결하는 방법이기 때문이다.

8) 이웃이 경제적인 어려움에 처한 것을 알면 지체말고 도와야 한다.

9) 우연히 알게 된 이웃의 비밀은 끝까지 지켜야 한다.

10) 사람들이 이웃에 대해 험담을 하면 이웃을 변호해야 한다.

11) 이웃이 친척이면 그 상호 관계는 더욱 중요하다.

12) 이웃에게는 존경과 예의를 갖추어야 한다. 이웃에게서 받은 선물
은 비록 하찮은 것이라도 경시해서는 안 되며, 요리를 하면 넉넉
히 해서 이웃과 나누어야 한다.

사도 무함마드는 '너의 이웃이 네가 좋은 사람이라고 말하면 너는
좋은 사람이다. 그러나 너의 이웃이 네가 나쁜 사람이라고 말하면 너는
나쁜 사람이다' 라고 말했다.

4.4 친척에 대한 예절

무슬림 사회에서는 가까운 친척들에 대해 부모와 같은 예의를 갖출 것을 요구하고 있다. 외숙모는 어머니와 같이 대하고, 외삼촌은 아버지와 같이 대하며, 삼촌과 숙모에 대해서도 자신의 부모와 같이 존경과 복종의 예의를 갖춘다.

친척들은 무슬림이든 아니든 같은 자궁에서 태어난 사람들이다. 따라서 친척들과 좋은 관계를 유지하며, 그들에게 복종하고 친절하게 대해야 한다. 연장자를 존경해야 하고 아래 사람에게는 자비를 베풀어야 한다.

무슬림은 친척이 아플 때는 방문해서 위로해야 하고, 곤경에 처했을 때는 위로해야 한다. 또한 가난한 친척들에 대해서는 그들의 어려움을 보살피고 도와야 한다.

친척들이 멀리 하더라도 긴밀한 관계를 유지하려 노력해야 하며, 친척들이 거칠게 대하더라도 상냥하고 점잖게 대해야 한다.

꾸란에서는 친척에 대한 예절에 대해 다음과 같이 언급하고 있다.

"예언자는 자기 자신들 보다 믿는 사람들을 더 사랑하시며 그
의 아내들은 그들의 어머니들이요 그들 서로간의 혈육관계는
알라의 율법에서 믿는 사람들과 이주자들의 형제 관계보다 더
가까운 인간관계라. 그러나 가까운 동료들에게 자선을 베풀라.
그것도 알라의 율법에 기록되어 있노라" (33:6)

"너희가 권력의 자리에 앉게 되면 지상에 해악을 퍼뜨리며 혈
연관계를 단절하려 하느뇨"(47:22)

"친척과 필요로 하는 자와 여행자에게 자선을 베풀라. 그것이
알라의 기쁨을 얻고자 하는 이들에게 가장 좋은 것이라. 그리하
면 그들이 번영하리라" (30:38)

"알라께서 정의와 선을 실천하라 명령하사 친척에게는 자선을
베풀라 하셨으되 추한 언행과 사악함과 배반함을 금하심으로
너희에게 교훈으로 하셨노라"(16:90)

"친척이나 고아나 어려운 자가 그 유산을 분배하는 곳에 참석
하였을 때는 그들에게도 그 유산의 일부를 분배하여 주고 친절
을 베풀라"(4:8)

사도 무함마드는 '가난한 사람에게 자선을 베푸는 것은 자선이다.
친척에게 자선을 베푸는 것은 자선과 동시에 가족을 지키는 것이다' 라
고 말하며 친척에 대한 사랑과 예절을 강조했다.

4.5 무슬림

무슬림들에게는 그의 형제 교우들에게 실행해야 할 예절과 권리가
있다. 이는 알라에 대한 신앙심 표현의 한 가지이며 알라와 가까워지는

방법 중의 하나라고 무슬림들은 믿고 있다. 교우 무슬림에 대한 예절은 아래와 같다.

1. 교우를 만났을 때 또는 그에게 말하기 전에, 다음과 같이 인사말을 건넨다. '앗살람 알라이쿰 와라흐마트라하 와바라까투후(as-Salam alaykum wa rahmat allah wa baraqatuhu, 당신에게 평화와 알라의 자비가 있기를). 이에 대한 대답은 '와알라이쿰 앗살람 와라흐마트라하 와바라까투후(wa alaykum as-salam wa rahmat allah wa baraqatuhu, 당신에게 평화와 알라의 자비와 은혜가 있기를)이다.

이는 꾸란에 근거한다.

"너희가 인사를 받았을 때 그보다 겸손하게 인사하라 혹은 응답하라. 실로 알라는 모든 것을 세심히 헤아리시니라"(4:86)

또한 사도 무함마드는 '뛰고 있는 사람은 걷고 있는 사람에게 인사해야 한다. 걷고 있는 사람은 앉아 있는 사람에게 인사해야 한다. 소수가 다수에게 인사해야 한다', '천사는 교우의 곁을 지나면서 인사하지 않고 지나는 교우에게 놀란다', '무슬림은 아는 사람뿐만 아니라, 모르는 사람에게도 인사해야 한다', '헤어지기 전에 인사하는 것을 잃어버리는 경우를 제외하고, 만나서 인사하고 악수하지 않는 무슬림은 없다', '인사하기 전에 말을 시작하는 사람이 있다면, 그가 적절한 인사말을 건네기 선에는 응답하지 마라' 라고 밀했다.

이처럼 이슬람에서 인사를 특히 강조하는 이유는 인사를 통해 알라에 대한 복종심을 키우고, 공동체의 단결을 도모하려는 의도다.

2. 무슬림은 형제 교우의 장례식에 참석해야만 한다. 이는 하디스에 근거한다. 무슬림은 형제 교우에 대해 다섯 가지 의무가 있다. 첫째는 인사에 대한 대답이며, 둘째는 아플 때의 병 문안이며, 세 번째는 장례식에 참가하는 것이며, 네 번째는 초대에 응하는 것이고 다섯 번째는 재채기에 대해 응답하는 것이다.

3. 무슬림은 맹세를 하면 이를 지켜야 한다.

4. 무슬림은 형제 교우가 어려움이 생겨 상담을 원하면 진심어린 충고를 해야 한다. 교우가 행하고 있는 것이 옳고 바른 방법인가를 정확하게 알려 주어야 한다.

교우가 해야 할 일과 하지 말아야 할 일을 친절하게 말해 주어야 한다. 진실과 거짓에 대해 논쟁해서는 안되며 다른 일로 인해 교우를 비난해서도 안된다.

충고는 교우가 화를 낼 때까지 해서는 안된다. 다른 사람들 앞에서 교우를 훈계해서는 안된다. 이맘[5] 샤피(Shafi)는 '남 몰래 교우를 훈계하는 것은 그를 위한 충고다. 그러나 공개적으로 하는 것은 그에 대한

---

5) 이슬람교에서 예배를 이끄는 사람. 다른 종교처럼 전문적인 성직자는 아니며 누구나 할 수 있다(역자주)

모욕이다' 라고 말했다.

하디스에는 교우에 대한 충고와 관련한 내용이 있다.

- 사도 무함마드 : 종교는 진실한 충고다

- 교우 : 누구를 위한 충고입니까?

- 사도 무함마드 : 알라와 꾸란과 사도와 무슬림중의 지도자들과 무
슬림 자신들을 위한 것이다.

5. 무슬림은 자기 자신을 사랑하는 것처럼 교우를 사랑해야 한다. 교
우가 죄를 범한다 해도 그에 대한 사랑을 중단해서는 안된다. 대신 그
가 뉘우치고 알라게 돌아올 때까지 기다려야 한다. 그러나 교우가 계속
악에 빠져 있으면 그때는 단호하게 절교해도 좋다.

사도 무함마드는 '자신을 사랑하는 만큼 교우를 사랑하라' 라고 말
했다. 또한, '사랑, 축복, 형제애의 관계는 신체의 각 기관과의 관계와
같다. 만약 폐에 병이 나면 신체의 다른 부위도 고통을 받는 것과 같은
이치다' 라고 말했다.

6. 무슬림은 교우를 도와야 하고 교우 혼자 어려운 상황에 처하도록
두어서는 안된다. 하디스에는 이와 관련한 내용이 있다.

- 사도 무함마드 : 너의 교우가 힘이 있든 없던 교우를 도와야 한다.

- 교우 : 교우가 힘이 있을 때, 우리가 어떻게 그를 돕습니까?

- 사도 무함마드 : 그를 억압으로부터 보호해라. 그것이 그를 돕는 방법이다.

사도는 '무슬림은 또 다른 무슬림의 형제다. 결코 그를 해치거나 저버리거나 조롱해서는 안된다' , '교우의 명예를 지키는 사람에게는 알라가 부활의 날에 지옥 불에서 그를 구제할 것이다' , '교우의 명예가 더럽혀 지는 곳에서 그를 보호하지 않거나 허용되지 않는 행동을 하는 자는 알라의 보호를 받지 못할 것이다' 라고 말했다.

무슬림은 경제적으로 곤궁한 다른 교우를 도와야 한다. 교우가 경제적으로 곤궁하면 자기가 가진 돈을 똑같이 나눠 가져 그를 도와야 한다.

다음은 아부 하리라(Abu Harirah)와 한 교우와의 대화다.

- 교우 : 나는 알라를 위해 당신의 교우가 되고 싶소.

- 아부 하리라 : 당신의 교우의 권리가 무엇인지 아는가?

주말의 여유 -베이루트-

- 교우 : 알려 주시오

- 아부 하리라 : 당신은 당신의 돈에 대해 나보다 많은 권리를 가지고 있지 않소?

- 교우 : 나는 아직 그 단계에까지 도달하지 못했소

- 아부 하리라 : 그러면 당신은 나의 교우가 될 수 없소. 라고 말했다.

7. 무슬림은 교우가 아프면 알라께 그의 쾌유를 기도해야 한다. 사도 무함마드는 '병자를 방문하고 배고픈 자에게 음식을 주고 감금된 자를 자유롭게 해 주라' 라고 말했다.

8. 무슬림은 교우가 싫어하는 것이나 그에게 해로운 것으로 그를 괴롭혀서는 안된다. 사도 무함마드는 '무슬림은 다른 무슬림을 괴롭혀서는 안된다', '무슬림에게는 악의에 찬 시선으로 쳐다보아서는 안된다', '알라는 타인에게 해를 끼치는 무슬림은 싫어한다' 라고 말했다.

9. 무슬림은 교우에 대해 겸손해야 하며 거만하거나 건방진 태도를 보여서는 안된다. 또한 무슬림은 자신이 자리를 차지하기 위해서 교우가 서있도록 해서는 안된다.

10. 무슬림은 교우를 만났을 때 삼 일 이상 외면해서는 안 된다. 가장 좋은 것은 처음 만났을 때 서로 축복하는 것이다.

11. 무슬림은 교우를 험담하거나 모욕해서는 안 된다. 누구든지 모욕적인 별명을 부른다거나, 교우에 대한 나쁜 이야기를 퍼트려서는 안된다.

"믿는 자들 가운데에 추문이 퍼뜨려지는 것을 좋아하는 자들은 현세와 내세에서 고통스러운 벌을 받으리니 알라는 너희가 알지 못하는 것도 알고 계시니라"(24:19)

"믿는 사람들이여 사람이 다른 사람을 비웃지 않도록 하라. 후자가 전자보다 훌륭할 수도 있노라. 여성이 다른 여성을 비웃지 않도록 하라 후자가 전자보다 훌륭할 수도 있노라 서로가 서로에게 중상하는 것과 저속한 변명도 아니 되니라"(49:11)

"믿는 사람들이여 가능한 의심을 피하라. 어떤 일에 있어서의 의심은 하나의 죄악이라. 그리고 서로가 서로를 감시하지 말며 서로가 서로를 험담하지 말라 너희 중에 죽은 형제의 살을 먹고자 하는 자 아무도 없노라 실로 너희는 그것을 증오하리라"(49:12)

사도 무함마드는 '소문을 퍼트리는 자는 천국에 가지 못 한다' 라고 말했다.

12. 무슬림은 교우가 죽은 사람이든 산 사람이든 그를 헐뜯어서는 안 된다. 사도 무함마드는 '죽은 사람을 모욕하지 마라. 그들은 이미 죄 값을 받았다', '상대의 부모를 모욕하는 것은 가장 큰 죄악중의 하나다', '교우를 모욕하는 것은 사악한 일이며 그와 싸우는 것은 중대한 죄악이다', '두 사람이 서로 싸운다면 잘못은 싸움을 시작한 사람에게 있다' 라고 말했다.

15. 무슬림은 교우를 질투해서는 안 되고, 그에 대해 나쁜 생각을 품어서도 안 되며 앙심을 품거나 감시해서는 안 된다.
  사도 무함마드는 '다른 사람을 질투하거나 나쁜 생각을 품지 마라. 상호간의 단점을 보지 마라. 과장하지 마라' 라고 말했다.

16. 무슬림은 교우를 속여서는 안 된다. 또한 교우에게 수행하기 어려운 것을 요구해서는 안된다. 교우의 영향력이나 재산으로부터 어떠한 이익을 취하려 해서는 안된다. 형제애의 기초는 알라를 위한 것이다. 따라서 형제애가 세속적인 이익을 추구해서는 안된다. 교우간 서로에게 짐이 되어서는 안된다. 만약 그렇게 된다면 이는 순수한 형제애에 영향을 끼치는 것이고, 그들이 얻고자 하는 보상을 줄이게 될 것이다.

  "잘못이나 죄악을 저지른 자가 그 책임을 양순한 자에게 돌리나니 그는 스스로의 허위와 죄악으로 죄악을 더하여 가도다"
  (4:112)

"믿음을 가진 남성과 여성을 부당하게 하거나 욕되게 대하는
자 있다면 실로 그들이 위증의 죄인으로 명백한 죄악이라"
(33:58)

사도 무함마드는 '우리에게 무기를 겨누거나 우리를 속이는 자는 우
리와 함께 하지 못한다' 라고 말했다.

17. 무슬림은 교우를 배신해서는 안 되며 불신해서도 안 된다. 또한
빚을 지면 빚 갚는 것을 미루어서도 안 된다.

18. 무슬림은 교우를 바른길로 인도해야 하며 그를 위해 봉사하고
악에 물들지 않도록 해야 한다. 교우를 만나면 웃는 얼굴로 인사하고
그의 장점을 배우고 실수를 용서해야 한다. 무지한 교우로부터 지식을
구하려 해서는 안 되며, 말을 잘하지 못하는 사람에게서 훌륭한 웅변을
기대해서도 안 된다. 본인이 있든 없든 간에 교우에 대해 좋게 말해야
한다. 교우가 칭찬받으면 이를 교우에게 알려 주고 칭찬에 대한 자신의
기쁨을 보여 주어야 한다.

"관용을 베풀고 사랑을 베풀되 우매한 자들을 멀리하라"(7:199)

19. 무슬림은 연장자인 교우에게는 존경을 연하인 교우에게는 자비
를 베풀어야 한다.

사도 무함마드는 '연장자에게 존경을, 연하자에게 자비를 베풀지 않는 사람은 우리의 형제가 아니다', '알라를 찬양하는 것 중의 하나는 연장자를 존경하는 것이다' 라고 말했다.

사도 무함마드의 어린이들에 대한 사랑 역시 잘 알려져 있다.

아이들이 사도 무함마드의 축복을 받기 위해 사도에게 왔을 때, 사도는 아이들을 자신의 무릎에 앉히곤 했다. 때로는 아이들이 사도의 무릎에 앉은 채 오줌을 싸기도 했지만, 사도는 개의치 않았다. 사도가 여행에서 돌아 왔을 때 어린 아이들이 그를 에워싼 채 인사하면, 사도는 멈추어 서서 아이들을 안아 주고 선물을 나누어주곤 했다고 한다.

20. 무슬림은 교우를 공정하게 대해야 한다. 그에게 충분한 권리를 주어야 하며 그가 대우받고 싶어하는 대로 대우해 주어야 한다.

사도 무함마드는 '지옥 불을 면하고 천국에 가고 싶어하는 자는 알라 외에는 신이 없고, 무함마드는 알라의 사도임을 입증해야 한다. 또는 그가 타인에게서 받고 싶어하는 것을 다른 사람들에게 주어야 한다' 라고 말했다.

21. 무슬림은 교우의 실수를 용서해야 하고, 그의 사생활을 보호해 주어야 한다. 의식적이건, 무의식적이건 타인의 비밀을 들어서는 안 된다. 교우의 단점을 본인이 있든 없든 간에 타인에게 말해서는 안되며, 교우의 비밀을 누설해서도 안된다. 그의 영혼 깊숙이 까지 알려고 해서도 안된다.

기도전 세정 장소

"믿는 자들이여 살인의 경우 자유인 대 자유인, 종복 대 종복,
여성 대 여성으로 동등한 처벌규정이 기록되어 있노라 그러나
피해자의 형제로부터 용서를 받은 자는 감사의 보상을 해야 되
나니 보호자는 계율을 따른 것이라 이것은 너희 주님으로부터
감형과 자비로다 그 후 범행을 범한 자는 고통스러운 징벌이 그
에게 있을 것이라"(2:178)

"그들이 그들의 성약을 깨뜨림으로 말미암아 알라는 그들을 저
주하였고 그들의 마음을 거칠게 하였노라, 그들은 말씀을 위조
하고 그들에게 계시된 진실의 말씀을 망각하고 있나니 너희는
그들 가운데 소수를 제외하고는 모든 것이 위조됨을 발견하리

라 그러나 그들을 용서하고 관대할지니 알라는 사랑을 베푸는
자를 사랑하심이라"(5:13)

"사악함에 대한 보상은 그에 상응하는 벌이 있으되 그러나 관
용을 베풀어 개선하게 하는 자는 알라로부터 보상을 받노라 실
로 그분은 죄인들을 사랑하지 아니 하시니라"(42:40)

사도는 '알라는 용서하는 자에게 명예를 줄 것이다', '네게 해를 끼친
자에게 관대하라', '혀를 믿고 마음에 신앙이 없는 자들아! 무슬림들을
험담하지 마라. 그들의 사생활을 들추지 마라. 교우의 사생활을 들추는
사람은 그의 사생활이 그의 집의 가장 깊숙한 곳에서 일어나는 일이라
해도 알라가 찾아내어 이를 세상에 공개할 것이다' 라고 말했다.

22. 무슬림은 교우가 도움을 원하면, 그를 도와야 한다. 또한 능력이
있다면 그들의 문제를 중재해 주어야 하며 자신과 자신의 가족 보다 교
우들을 더 도와주어야 한다. 삼 일마다 근황을 물어 보아야 하고, 아프
면 문병을 가고, 바쁘면 돕고, 무엇인가를 잊고 있으면 이를 기억시켜
주어야 한다. 교우가 방문하면 환영해야 하고 말을 할 때는 경청해야
한다.

"선을 위해 중재하는 그에게 그에 따른 보상이 있을 것이며"
(4:85)

"믿는 자들이여 알라의 상징을 욕되게 하지 말 것이며 성스러운 달을 범하지 말며 제물과 목걸이를 자랑하지 말며 주님의 은혜를 받고자 하람사원으로 가는 사람들을 방해하지 말라 그러나 너희가 순례복을 벗을 때는 사냥이 허용되니라 너희가 하람사원에 들어감을 방해하는 자가 있으나 그들을 증오하거나 공격하지 말고 정의와 신앙을 위해 서로 협동하라 그러나 죄악과 증오에는 협조하지 말고 알라를 두려워하라 알라께서 엄한 벌을 내리실 것이라"(5:2)

사도 무함마드는 '이 세상의 근심으로부터 형제 교우를 구하는 사람은 알라가 심판의 날에 그를 구제할 것이다. 교우의 잘못을 감춰주는 사람은 알라가 현세와 내세에서 그의 잘못을 감추어 줄 것이다. 알라의 종이 그의 형제를 돕는 한, 알라는 그 종을 도울 것이다' 라고 말했다.

23. 무슬림은 교우가 알라를 위해서 휴식처를 찾으면 그에게 휴식처를 제공해야 한다. 그는 교우에게 선의로 대해야 하며 그를 위해 기도해야 한다.

사도 무함마드는 '너의 보호를 필요로 하는 사람은 보호해 주어라. 알라의 이름으로 네게 도움을 청하면 도와주어라. 교우가 너를 초대하면 초대에 응하라. 교우가 네게 선의로 대하면 너는 같은 수준의 선의로 대하라. 네가 그럴 수 없으면 네가 충분하다고 생각될 때까지 그를 위해 기도하라' 라고 말했다.

4.6 불신자

이슬람 사회에서 어떠한 종교라도 갖지 않는 것은 가장 큰 죄악으로 간주된다. 유태교나 기독교는 이슬람의 형제 종교로 인정한다. 그러나 불교, 힌두교 등은 우상을 숭배하는 종교로 간주하여 인정하지 않는다. 그러나 가장 비난받는 것은 종교를 갖지 않는 사람이다. 여기서 불신자란 어떠한 종교도 갖지 않은 사람을 말한다.

무슬림들은 이슬람교를 제외한 다른 모든 종교와 생활 양식은 잘못된 것이며 오직 이슬람만이 참된 종교라고 믿고 있다.

"알라의 종교는 이슬람뿐이며 이전에 성서를 받은 이들도 달리하지 아니하였으나 그 후 그들에게 그른 지식이 도래하였더라 알라의 말씀을 불신하는 자 알라의 심판을 곧 받으리라" (3:19)

"이슬람 외에 다른 종교를 추구하는 자 결코 수락되지 않을 것이니 내세에서 패망자 가운데 있게 되리라" (3:85)

"너희에게 허락되지 아니한 것이 있으니 죽은 고기와 피와 돼지고기와 알라의 이름으로 잡은 고기가 아닌 것, 목 졸라 죽인 것과 때려서 잡은 것과 떨어져서 죽은 것과 서로 싸워서 죽은 것과 다른 야생이 일부를 먹어버린 나머지와 우상에 제물로 바쳤던 것과 화살에 점성을 걸고 잡은 것이니거늘 이것들은 불결한 것이라. 오늘 믿음을 거절한 자들이 너희의 종교를 체념하나니 너희는 그들을 두려워하지 말고 나만을 두려워하라. 오늘 너희를 위해 너희의 종교를 완성했고 나의 은혜가 너희에게 충만하게 하였으며 이슬람을 너희의 신앙으로 만족케 하였노라. 굶주림에 시달리는 사람이라 할지라도 죄악에 기울이지 아니한 자 알라의 관용과 자비를 받을 것이라"(5:3)

위의 꾸란 구절에 근거하여 무슬림들은 이슬람 이전의 모든 종교는 이슬람으로 대체되어야 하고 이슬람은 전 인류의 종교가 되어야 한다고 믿고 있다. 알라는 이슬람이 아닌 다른 어떤 종교, 생활 방식, 법률도 수용하지 않는다.

따라서 무슬림은 알라에게 복종하지 않는 자는 불신자로 간주한다. 무슬림들의 불신자에 대한 인식과 자세는 다음과 같다.

1. 무슬림들은 불신자들의 믿음을 받아 들여서는 안 된다. 불신자를 수용하는 것은 그 자체가 알라의 믿음을 저버리는 것이다.
2. 알라는 불신자를 싫어하기 때문에 무슬림은 불신자를 멀리 해야 한다.
3. 무슬림은 불신자들에게 사랑이나 자비를 베풀어서는 안 된다.
   "신앙인들은 불신자들을 신앙인들에 우선하여 친구로 택하지 아니 하도다 그렇게 하는 자 있다면 알라에 대한 믿음이 조금도 없나니 항상 경계하여 그들로부터 너희 자신을 보호하는 길밖엔 없노라. 알라는 너희로 하여금 그분을 기억케 하여 주

시니 최후의 목적은 알라에게로 가니라"(3:28)

"그대는 알라와 내세를 믿는 자들이 자신의 아버지이던 아들이
던 또는 형제들이나 친척들이던 그들이 알라와 그분의 선지자
에게 거역하는 것을 발견치 못하리라. 그들을 위해 알라께 서
는 이미 그들의 마음속에 믿음을 기록하셨고 그분의 영혼으로
보호하셨기 때문이라. 그분께서는 그들로 하여금 천국에 들게
하니 그 밑에는 물이 흐르며 그들은 그곳에서 영생하노라. 이
에 알라는 그들로 기뻐하시고 그들은 그분과 기뻐하니 실로
그들은 알라의 사회에 있노라 실로 알라의 땅 안에 있는 그들
이야말로 번성할 자들이라"(58:22)

4. 불신자가 공개적으로 이슬람에 대항하지 않는 이상 불신자에게
   도 공정하고 바르게 대해야 한다.

   "알라는 종교를 이유로 너희에게 대적하지 아니하고 너희를 너
   희 주거지로부터 추방하지 아니 한 자들에게 친절하고 그들과
   공정하게 거래하는 것을 금지하지 아니 하셨나니 실로 알라는
   공평하게 행하는 자들을 사랑하시니라"(60:8)

5. 무슬림은 불신자들에게도 모든 인류에 대한 보편적인 사랑과 자
   비는 베풀어야 한다. 그들이 배고파하면 음식을 주고, 그들이 목
   말라 하면 물을 주어야 하고 병들어 있으면 치료해 주어야 한다.
   사도 무함마드는 '지상에 있는 자들에게 자비를 베풀면 하늘에
   있는 자가 네게 자비를 베풀 것이다' 라고 말했다.

6. 무슬림은 이슬람에 대항하지 않는 비무슬림을 해쳐서는 안 된다.

사도 무함마드는 '누구든지 이슬람의 영토에서 비무슬림을 해치는 자는 심판의 날에 나는 그의 반대편에 서 있을 것이다' 라고 말했다.

7. 무슬림에게는 비무슬림과 선물을 주고받는 것이 허용된다. 그가 기독교나 유태교도라면 그와 음식을 나누어 먹어도 된다. 사도 무함마드는 메디나의 유태교도들에게 식사를 초대받아 참석하기도 했다.

"오늘날 너희에게 좋은 것들이 허락되었으니 성서를 받은 자들의 음식이 허락되었고 또한 너희의 음식도 그들에게 허락되었으며 믿음이 강한 순결한 여성들이며 그대 이전에 성서를 받은 자들의 여성들도 너희가 그녀들에게 지참금을 지불하고 그들과 화목하게 살 때는 허락된 것이거늘 간음을 해서도 않되며 내연의 처를 두어 서도 아니되나니 믿음을 부정하는 자는 누구든 그의 일이 공허하게 되며 내세에서 손실자가 되니라"(5:5)

8. 무슬림 여성과 비무슬림 남성과의 결혼은 허용되지 않으며 무슬림 남성과 유태교 기독교 여성과 결혼하는 것은 허용된다.

"믿음이 없는 여성과 결혼하지 말라. 믿음을 가진 여자 노예가 믿음이 없는 유혹하는 매혹의 여자보다 나으니라. 또한 믿음이 없는 남성들이 믿음을 가질 때까지 딸들을 결혼시키지 말라. 믿음을 가진 노예가 믿음이 없는 유혹하는 매혹의 남성보다 나으니라. 이들은 지옥으로 유혹하도다"(2:221)

"믿는 사람들이여 믿음을 가진 여성이 너희에게 올 때 그녀들을 시험하라. 알라는 그녀들의 믿음을 온전히 알고 계시니라. 그 때 너희가 그녀들이 믿는 자들임을 발견했다면 그녀들을 불신자들에게로 보내지 말라. 또한 이 여성들은 그들에게 허락되지 아니하며 또한 불신자들은 그녀들에 대한 권리가 없노라. 그리고 그녀들에게 그들이 지불한 것은 주되 너희가 지참금을 지불하고 그녀들과 결혼할 경우는 죄악이 아니거늘 믿지 않는 여성들과 결혼하지 말라. 그리고 너희가 지불한 것을 요구하고 그들이 지불한 것을 요구하도록 하리니 그것이 알라의 판정이라. 실로 알라는 아심과 지혜로 충만하시니라" (60:10)

9. 비무슬림이 재채기를 하고 알라를 찬양하면(알 함두 릴라), 무슬림은 '알라가 당신을 인도하고, 당신의 안위를 보호할 것이다('야흐디이쿰 알라 유슬리흐 발라쿰)라고 말해야 한다.

10. 무슬림은 비무슬림에게 평화의 인사를 먼저 건네서는 안 된다. 비무슬림이 인사를 하면 무슬림은' 알라이쿰, 당신에게도)' 이라고 대답한다.

11. 길을 걸을 때 비무슬림을 만나면, 그들이 길의 좁은 곳으로 지나가도록 해야 한다.

12. 무슬림은 비무슬림과 복장과 외모 등에서 구분되어야 하며, 그들을 흉내 내어서는 안 된다. 수염이나 머리카락을 염색해서는 안 된다.

V 일상생활과 관련된 예절

V 일상생활과 관련된 예절

5.1 출생

이슬람 사회에서 태어난 아이는 태어난 순간 알라의 축복을 비는 이슬람의 기도로 삶을 시작한다.

아이가 태어나면 곧 바로 친척과 친지들에게 이를 알린다. 여자 아이의 탄생도 남자 아이의 탄생과 똑 같이 축복한다. 신생아에게 가장 먼저 해야 할 일은 아잔[6]을 들려주는 일이다.

두 번째 일은 (강제성은 없지만) 대추야자를 씹어 즙을 낸 후 즙을 아이의 입술에 적셔 준다. 그리고 태어난 아이를 위해 기도한다. 이는 '타닉(tahnik)' 이라 불리는 것으로서 사도가 행한 것이다. 아이의 이름은 가급적 빨리 짓는다. 비록 사산되더라도 아이의 이름을 지어 준다. 아이가 태어난 후 가족들은 7일 동안 아이의 탄생을 축하한다. 이 축하는 가축의 도살과 아기의 머리 감기기의 2가지 의식으로 구성된다. 도살하는 가축은 양, 염소, 낙타 등이다. 여아가 태어났을 때에는

---

6) 1일 5회 이슬람의 예배 시간을 알리는 기도문.
  보통 꾸란 1장(개경장)을 읊는다(역자주).

양이나 염소 한 마리, 남아가 태어났을 때에는 양이나 염소 2마리가 권장된다. 도살은 이슬람식으로 한다.

가축의 피가 집이나 아이에게 묻지 않도록 주의하며, 가축의 고기는 3등분한다. 한 조각은 가족을 위하여 나머지 두 조각은 친척, 이웃과 가난한 사람들에게 나누어 준다. 가축의 머리, 가죽, 발 등은 팔지 말고 도살자에게 주거나 요리사의 사례로 준다. 친척과 친지들을 식사에 초대하여 아이의 탄생을 축하하는 것은 이슬람의 미덕이다.

신생아의 머리 감기기는 아이가 태어난 지 7일 후에 실행한다. 아이의 머리카락 무게를 재어 같은 무게만큼의 은을 가난한 사람들에게 희사하는 것이 권장된다.

머리를 감긴 후 샤프란으로 아이의 머리를 문지른다. 여자 아이의 귀를 뚫고 나중에 귀걸이를 하는 것은 허용된다.

모든 무슬림 남자 아이는 할례를 해야 한다. 이슬람의 이 전통은 아브라함으로부터 유래한 것이다. 할례는 성기의 귀두를 노출시키기 위해 표피를 제거하는 의식이다. 이때 표피 전체를 제거하는 것은 아니다. 아이가 표피없이 태어나면 할례를 할 필요가 없다.

할례는 아이가 태어난 후 가급적 빨리 하는 것이 좋지만, 의사의 의견을 최대한 반영하여 시기를 결정한다. 그러나 아이의 건강 상태가 좋지 않으면 할례를 연기한다. 할례는 이슬람의 축복을 받은 사람이 시행하는 것이 좋다.

할례를 제외한 대부모나 다른 기독교적인 요소는 이슬람에서는 금지된다.

5.2 결혼

결혼은 인간을 완성하는 중요한 사회제도로서 아내와 가족을 부양할 수 있는 모든 젊은이는 결혼을 해야 한다. 이슬람에서는 족내혼이 권장되는 경향이 있지만, 현대에 와서 연애를 통한 자유 결혼이 일반화되고 있으며, 족외혼은 친척을 확대시킨다는 측면에서 권장된다. 이슬람에서 독신 생활은 금지되며 꾸란에서도 금하고 있다.

5.2.1 아내의 선택

이슬람 법에 따르면 마흐람(mahram, 결혼이 금지된 여성)인 여성과 결혼해서는 안된다.

"너희 아버지들이 결혼한 여자들과 결혼하지 말라 과거에 지나간 것은 제외되나 그것은 수치요 증오이며 저주받은 관습이라"
(4:22)

"너희들에게 금지된 것이 있으니 어머니들과 딸들과 누이들과 고모들과 외숙모들과 형제의 딸들과 누이의 딸들과 너희를 길러준 유모들과 같은 젖을 먹고 자란 양녀들과 아내들의 어머니들과 너희 부인들이 데려와 너희의 보호를 받고 있는 의붓딸들이라. 너희가 아직 그녀들과 부부생활을 하지 아니했다면 너희가 그들의 딸들과 결혼해도 죄악이 아니나 너희 아들들의 아내들과 결혼은 금지라 또한 너희가 두 자매를 동시에 부인으로 및

아도 아니되나 지나간 것은 예외라"(4:23)

여자의 재산, 사회적 지위, 미모 때문에 한 결혼은 오래 지속되기 어렵고 균형이 깨어지기 쉽기 때문에, 서로 이해할 수 있고 오해를 극복할 수 있는 비슷한 수준간의 결혼이 이슬람에서 권장하는 결혼이다.

남자는 여자의 이슬람에 대한 신앙심과 그녀의 성장 배경을 충분히 알 때까지 여자에게 청혼해서는 안된다.

기품있는 수줍음과 감각은 훌륭한 아내의 조건이며, 적당한 수준의 부에 만족하며 절제하고 사치하지 않는 것은 훌륭한 아내의 자질이다.

돈을 낭비하는 여자나 아이를 낳을 수 없는 여자와의 결혼은 피해야 한다. 처녀와의 결혼은 이혼녀와의 결혼보다 우선시된다. 이혼한 여자가 전 남편에게 돌아가려 하지 않는다면 이혼녀와의 결혼도 무방하다.

5.2.2 청혼

잇다(`iddah)[7] 기간동안 여성에게 청혼하는 것은 비이슬람적인 관습이다.

"과부 여성과 약혼을 하거나 마음에 뜻을 두는 것은 죄가 아니거늘 이는 알라께서 너희들이 마음에 새기고 있음을 알고 계심이라. 그러나 기다리는 법정기간 동안에 비밀이 약혼을 해서는

---

7) 사별이나 이혼 후 여자가 재혼할 수 없는 기간(역자 주)

팔레스타인의 결혼식 모습

안 되며 그 법정기간이 끝날 때까지 결혼을 해서도 아니 되니
라"(2:235)

다른 남자가 이미 청혼한 여자에게 청혼하는 것은 점잖지 못한 행동
이며 금해야 한다. 다른 남자가 청혼을 포기한 경우는 청혼할 수 있다.

여성 본인에게 직접 청혼하는 것은 적절하지 않다. 청혼은 후견인을
통해서 한다.

신부의 후견인은 반드시 무슬림 남자여야 하며, 여성의 후견인[8]은
결혼 결정에 대해 아무런 권한이 없다. 결혼 결정에 대한 모든 권한은
여성본인에게 있다.[9]

여성이 고아, 처녀인 경우 청혼에 대한 침묵은 찬성으로 간주되고,
이혼녀나 미망인인 경우 침묵은 대답으로 간주되지 않는다. 두 경우 모
두 여성이 거절하면 후견인은 그녀의 뜻을 따라야 한다. 이슬람의 결혼
에서 가장 중요시되는 것은 남여 쌍방의 합의이기 때문이다.

---

8) 일반적으로 여성의 후견인은 부모다.
9) 말리키학파에서는 처녀 결혼은 대리인의 동의없이 결혼할 수 없다고 규정하고 있다.

5.2.3 결혼 계약

결혼에 충족되어야 할 중요한 조건들은 결혼 계약서에 포함시킨다. 결혼 계약서 작성에는 신부 대리인과 2명의 무슬림 증인이 입회해야 한다. 이슬람에서 임시 결혼은 금지된다.

5.2.4 마흐르(Mahr)

마흐르는 아랍인의 결혼 제도에서 나타나는 특이한 관습으로 결혼 시 신랑이 신부에게 지불하는 혼납금(婚納金)을 말한다. 꾸란에서는 아래의 구절에서 마흐르에 대한 언급을 하여 마흐르에 대한 타당성과 정당성을 인정하고 있다.

"결혼할 여자에게 마흐르를 주라 만일 너희에게 그것의 얼마가 되돌아온다면 기꺼이 수락해도 되니라"(4:4)

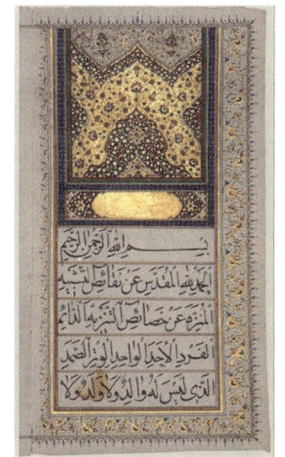

"만일 너희가 아내를 다른 아내로 다시 얻으려 할 때 너희가 그녀에게 준 금액 가운데서 조금도 가져 올 수 없노라 너희는 그 것을 부정하게 취득하려 하느뇨 그것은 분명한 죄악이라"(4:20)

"이미 결혼한 여성과도 금지되나

결혼계약서

너희들의 오른손이 소유한 것은 제외라 이것은 알라의 명령이
며 이 외에는 너희를 위해 허락이 되었으며 간음이 아닌 합법적
결혼을 원할 경우 마흐르를 지불해야 되나니 너희가 그들과 결
혼함으로써 욕망을 추구했다면 그녀들에게 마흐르를 줄 것이
라 그 의무가 행해진 후에는 쌍방의 합의에 의한 것에 관하여는
너희에게 죄악이 아니거늘..."(4:24)

"너희 가운데 부유하고 신앙이 두터운 여성과 결혼할 수 없는
자는 너희들의 오른손이 소유한 자들 가운데서 신앙심이 두터
운 하녀들과 결혼함이 나으니라. 알라는 너희들의 믿음을 잘 아
시고 계시며 또한 너희는 아담의 한 자손이라 그럼으로 그녀 보
호자의 허락을 얻어 결혼하되 적절한 마흐르를 지불할 것이라
그들은 순결하니 간음하지 말 것이며 정부를 두어서도 아니 되
거늘 만일 그녀들이 결혼해서 간음을 한다면 그녀들에게는 자
유 신분을 가진 여성이 받은 벌의 절반이라 이것은 너희들 가운
데 간음을 두려워하는 자를 위함이라 그러니 인내하라. 그것이
너희에게 나으리라..."(4:25)

    마흐르의 액수는 신랑의 경제적 능력을 벗어나서는 안된다. 마흐르
를 지불하지 않기 위해 두 집안의 딸이나 누이를 교차 결혼시켜서는 안
된다. 모든 결혼 계약은 다른 결혼과 관계없이 독립적으로 이루어져야
한다.

아랍 신부의 예물

　대부분의 이슬람 학자들은 마흐르는 신랑이 혼인 계약을 공고히 하기 위해 신부에게 지불하는 금액으로 결혼을 포함한 사회 관습에서 약자일 수 있는 여성을 보호하기 위한 사회적 제도로 생각하고 있다.
　마흐르는 결혼 계약시 지불하거나 명시해야 하는 필수 조건으로서 마흐르에 대한 언급이 없는 결혼은 합법적인 것으로 인정되지 않는다.

　남편은 마흐르에 대한 어떠한 권리도 갖지 못한다. 마흐르는 여성이 미망인이 되거나 이혼을 할 때에 정상적인 사회 생활을 할 수 있는 경제적 기반이 된다.
　마흐르는 결혼 계약시 즉시 제공하는 선불제와 결혼 후 남편의 사망이나 이혼시 제공하는 후불제로 나눌 수 있다. 신랑측은 이 두 방식 중한 가지 방식을 선택하여 마흐르를 지불하거나 또는 두 가지 방식을 혼용할 수 있다.

원칙적으로 마흐르는 신부에게 직접 지불하는 것으로 되어 있으나 실제로는 신부의 아버지 또는 후견인에게 지불되는 경향이 있으며 그 액수와 조건은 양가 부모의 합의를 통해 결정된다.

마흐르의 금액은 개인적인 상황에 따라 중용을 강조한 이슬람의 정신을 반영한다. 그러나 현대 이슬람 사회에서 이 정신은 훼손되어 마흐르는 급속하게 인상되고 있어 아랍 사회에 노총각과 노처녀가 증가하는 원인이 되고 있다.

마흐르의 액수는 신부의 나이와 사회적 지위와 직업, 학력 , 초혼 여부 등에 따라 결정된다. 1960년대 요르단의 한 시골 마을의 평균 마흐르는 200디나르(약 250US$)였지만, 1966년에는 250디나르(약 350US$)로 인상되었다. 1970년대 후반 시리아의 평균 마흐르는 약 690US$였다. 이 액수는 요르단과 시리아의 경제 상황을 고려할 때 상당히 높은 액수다.

특히, 2000년 이후, 나라별로 차이는 있지만 평균 마흐르가 4,000-6,000US$에 달하고 있어 마흐르를 마련하기 위해 이슬람 국가의 청년들이 외국으로 직장을 구해 나가거나 또는 결혼 자체가 늦추어 지는 경향이 나타나고 있다.

5.2.5 결혼 피로연

결혼을 축하하지 않고 비밀리에 결혼식을 올리는 것은 이슬람의 전통에 위배된다. 따라서 이슬람의 결혼식은 사치스럽지 않은 범위내에서 최대한 성대하게 올리고 많은 사람들에게 알린다. 결혼 피로연 비용은 대게 신랑이 부담하며, 하객들은 신랑에게 지나친 부담을 강요해서는 안된다.

결혼 피로연에서 오락은 허용된다. 이슬람에서 노래는 대게 금지되지만 결혼식에서는 허용된다. 신부가 신랑과 함께 있을 때 신부에게 노래를 청하는 것은 허용되지만, 노래 내용은 외설스러워서는 안되고, 이웃에 들릴 정도로 커서는 안된다.

순례나 소순례[10]중인 자는 결혼 피로연에 참석할 수 없다.

5.2.6 신혼 초야

신혼 여행은 이슬람이 아닌 비이슬람(서구 사회)적 풍습이다.

신혼 초야에는 상호간의 세심한 친절과 관대함이 요구된다. 기분 좋은 향과 깨끗한 몸은 신랑과 신부 모두에게 요구된다. 신랑은 신부에게 점잖게 다가가며 둘 사이에 어떠한 장벽이 있어서는 안된다. 신랑은 신부의 이마에 손을 올린 채 알라께 감사의 기도를 한다. 잠자리에 들기 전에 신랑 신부 모두 두 번의 라카[11]를 한다.

결혼 첫날에는 친척과 친구들이 신혼 부부 방문을 삼가 한다.

---

10) 이슬람력 12월(Hajj)인 성지 순례 기간 이외에 하는 순례.
11) '라카(raka'a)' 라는 단어는' 몸통을 굽혔다' 라는 의미에서 파생되었으며, 자의 그대로의 의미는 '신 앞에서 몸을 굽히다' 는 의미다. 그러나 예배에서 라카는 한 차례의 예배 행위 전체를 가리키는 의미로서 이슬람 예배의식의 한 구성단위다.(역자주)

5.2.7 결혼 잔치

결혼식 후에 신랑은 결혼식에 방문해 준 친척들을 만나 감사하고 그들을 축복한다. 또한 이들을 결혼 잔치(walimah)에 초대한다.

간단하게 치르더라도 결혼 잔치는 이슬람의 중요한 전통으로서 결혼식후 3일 이내에 개최한다. 결혼 잔치에 초대받은 사람은 초대에 반드시 응해야 한다. 초대받은 친척과 친구들은 음식이나 돈으로 부조하여 신랑의 부담을 덜어 준다.

결혼 잔치에는 양 한 마리 이상을 잡으며 술은 금지된다. 이때 신부는 손님들을 접대할 수 있다.

5.2.8 일부다처제

아랍 · 이슬람 사회에서 일부다처제는 이슬람 발생 당시(AD 7세기) 계속된 전쟁의 결과다. 특히, AD625년 무슬림과 우상 숭배자들 간의 우후드(Uhud)전투에서 700명의 무슬림 군인 중 74명의 전사자가 발생함으로서 무슬림 공동체내에서는 경제적 어려움에 처한 많은 미망인들과 고아들이 발생했고 이들의 문제는 사회 문제로 확대되었다. 이들을 구제하기 위한 방책으로 일부다처제가 시행되었기 때문에 아랍 · 이슬람 사회에서 일부다처제는 사회 존속의 수단과 전쟁 미망인들에 대한 사회 보장책의 일환으로 시작되었다 할 수 있다.

그러나 이슬람 사회에서의 일부 다처제는 무제한적인 일부다처제가 아닌 제한적인 일부다처제를 허용하고 있다. 꾸란에 제시된 일부다처제에 대한 내용은 다음과 같다.

"만일 너희가 고아들을 공정하게 대처하여 줄 수 있을 것 같은 두려움이 있다면 좋은 여성과 결혼하라 두번 또는 세번 또는 네번도 좋으니라 그러나 그녀들에게 공평을 베풀어 줄 수 없다는 두려움이 있다면 한 여성이거나 너희 오른손이 소유한 것이거늘 그것이 너희를 부정으로부터 보호하여 주는 보다 적합한 것이라"(4:3)

"너희가 최선을 다한다 하여 아내들을 공평하게 할 수 없으리라 한쪽으로 치우쳐 매달린 여인처럼 만들지 말라 만일 너희가 화해하고 알라를 공경한다면 하나님으로부터 관용과 자비가 있을 것이라"(4:129)

이슬람에서 결혼이 가능한 부인의 숫자를 4명으로 제한하고 있지만, 모든 경우에 4명의 여성과 결혼할 수 있는 것이 아니고 부인들에게 정신적, 육체적, 경제적으로 동등하게 대우를 해 주어야만 한다는 조건 하에서 가능하다. 즉, 남편이 부인들을 공평하게 대하지 못하면 두 명 이상의 여자와 결혼할 수 없다.

이슬람에서 결혼한 남자가 처녀와 결혼할 경우는 두 번째 부인과 일주일을 같이 보낸 후 첫 번째와 두 번째 부인에게 공평한 시간과 기회를 배분해야 한다.

결혼한 경험이 있는 여자를 두 번째 부인으로 맞이한 경우는 3일간을 함께 보낸 후 다른 부인들과 동일한 시간을 공평하게 보내야 한다. 남편은 어떤 상황에서도 부인들을 공평하게 대해야 한다. 남편이 병들면 어느 부인과 함께 있을 것인가 하는 것은 그들에게 결정하도록 한다. 남편이 순례나 여행을 할 경우에는 동행할 부인을 남편이 결정한다.

아랍의 일부 다처제에서 남편의 부인들에 대한 공평함은 시간과 기회의 공평함을 의미한다. 따라서 부인들과의 부부 관계를 똑 같이 할 필요는 없다. 남편에게 요구되는 것은 같은 시간을 부인들에게 공평하게 나누는 것이다.

5.3 장례
5.3.1 장례의 준비

이슬람 사회에서 환자의 임종이 임박하면 자신이 이 세상에서 맺었던 모든 인연을 정리하고 알라에게 아픔을 덜어주고 관용을 베풀어 달라고 기도한다. 임종을 지켜보는 사람은 '알라외에 신은 없다 (la ila illah)' 라는 구절을 반복하여 임종하는 사람이 따라하도록 한다. 그리고 임종할 기미가 보이면 환자의 얼굴을 끼블라로 향하게 한다. 임종이 가까와 오면 꾸란의 야씬장(제36장)을 낭송하여 죽음의 고통을 덜게 한다. 이는 사도 무함마드가 '임종하는 자 앞에서 야씬장을 암송하라'는 하디스에 근거하고 있다.

이슬람 사회에서 사람이 사망하면 아래의 절차에 따라 장례가 진행된다.

①사람이 사망하면 친척과 친지들에게 부고를 알린다.

시리아 다마스커스의 살라 훗딘의 무덤

② 시신을 매장하기 위해 시신을 씻고 수의를 입힌다. 시신의 세척은 불순물을 제거하기 위하여 비누나 살균제로 씻겨야 한다. 세척 순서는 시신을 높은 곳에 올려놓고 배를 가만히 눌러 배 안의 노폐물이 나오게 한 후에 성기부터 먼저 세척한다. 사자의 몸은 오른쪽부터 연잎으로 홀수 번 씻는다. 마지막으로 씻길 때 용해를 위해 장뇌를 더한다. 사자가 여자면 머리를 3번 땋아 등 밑에 둔다. 몸 위에서 아래로 삼 회 정도 세척하며 그래도 깨끗하지 못하면 다섯 차례까지 세척할 수 있다. 시신을 세척한 후에 수의를 입히는데 보통 흰 천으로 남자는 세 번 여자는 다섯 번 감싼다. 수의를 입힌 후 시신에 향수를 뿌릴 수 있다. 그러나 순교자나 전쟁터에서 죽은 사람의 경우는 향수를 뿌리지 않는다. 이는 순교한 자의 시신은 각각의 상처가 향기를 발한다고 믿고 있기 때문이다.

③사자(死者)가 남자면 남자가, 여자면 여자가 시신을 씻긴다. 부부의 경우는 살아 있는 쪽이 세척을 한다.

④수의는 사치스럽지 않은 적당한 것으로 한다.

⑤관은 필요한 경우가 아니면 사용하지 않는다.

⑥시신의 운구는 어깨에 메어 하는데 이는 사자에 대한 존경의 표시다.

⑦순교자는 몸의 보석을 제거하고 옷의 피를 지우지 않은 채 묻는다.

⑧순례중에 죽은 무슬림은 물이나 연잎으로 씻고 순례 중에 입은 것과 같은 두 조각의 천으로 수의를 입힌다. 이 경우 향수를 시신에 뿌리지 않으며 머리도 덮지 않는다.

⑨시신을 씻은 사람과 시신을 옮긴 사람은 목욕을 한다.

⑩시신을 씻은 사람은 그가 본 사자의 신체상의 결함을 타인에게 말해서는 안된다. 좋은 점을 말하는 것은 허용된다.

⑪시신을 씻기고 수의를 입힌 후 기도를 한 후 가급적 빨리 매장한다.

아랍 사회에서 매장을 서두르는 이유는 사자를 서둘러 매장함으로서 사자가 알라에게 빨리 갈 수 있다는 종교적인 이유도 있으나 고온 건조한 아랍의 기후적 특성도 반영되었다.

5.3.2 장례의 호송

①사자(死者) 또는 사자의 친척들과 관계가 있든 없든 무슬림은 장례에 참석해야 한다. 장례에 참석하는 이는 반드시 세정을 한다.

②장례식은 2개의 단계로 구성된다. 첫 번째는 장례 기도가 시작될 때까지고, 두 번째는 사자가 매장될 때까지다. 참석자는 2번째 단계까지 참석해야 한다.

③장례 기도를 위해 시신을 사원 안으로 옮기는 것은 적당하지 않다. 장례 기도는 사원 바깥에서 한다.

④사자의 친척과 친지들은 장례 기도에 참석해야 한다. 이맘은 시신을 마주하고 중앙에 서서 멕카를 향해 의식을 진행한다. 시신은 끼블라 방향으로 두고 이맘과 무슬림들은 시신 뒤에 서서 예배를 드린다. 이맘 은 '알라는 위대하다' (Allah Akbar)를 낭송하고 개경장(꾸란 제1장)을 낭송한다. 그리고 알라에 대한 찬미, 사도 무함마드를 위한 기도와 네 차례의 타크비르(takbir)로 끝난다.

⑤의식의 진행은 너무 빨리도 너무 늦지도 않게 한다.

⑥운구시에 걷는 사람은 시신 근처의 앞뒤좌우에 위치하고 차량은 뒤를 따른다.

⑦운구할 때 향, 촛불, 알라의 이름을 크게 부르거나 크게 울거나 꾸란을 크게 읽는 것은 금지된다.

⑧장례식 동안 연설은 짧고 가볍게 한다.

⑨장례 행렬을 본 무슬림은 멈추고 조의를 표해야 한다.

⑩묘지가 멀지 않으면 차량으로 운구하는 것은 좋지 않다. 장례식 후에 차를 타는 것은 좋다.

⑪묘지에 도착한 다음 관을 내려놓기 전에 조문객들이 먼저 앉는 것은 금지된다.

⑫운구한 사람은 운구가 끝난 후에 목욕을 한다. 이는 정신적, 육체
　적인 회복에 도움이 된다.

5.3.3 매장

①무슬림들을 위한 별도의 묘지 조성은 중요하다. 비무슬림의 묘소
　에 무슬림을 매장하거나 그 반대도 좋지 않다.
②이슬람에서 화장은 설사 사자가 요구한다 해도 허용되지 않는다.
③사자는 묘지에 매장되어야 한다. 그러나 전쟁 중에 순교한 자는
　순교한 곳에 묻혀진다.
④사자는 그가 죽은 지역에 묻는다. 사자를 그의 고향이나 다른 곳
　으로 옮기는 것은 바람직하지 않다.
⑤매장은 가급적 빨리 하되 아래의 경우는 예외다.
　· 밤
　· 일출부터 태양이 뜰 때까지
　· 정오를 지날 때
　· 일몰 전부터 일몰시
　긴급한 상황이 아니면 이 시간의 매장은 금지된다.
⑥상류층이나 부자를 위한 특별한 묘지의 지정은 금한다.
⑦전쟁이나 전염병 등으로 인해 한 묘지에 한 사람 이상을 매장할
　때 꾸란을 더 많이 읽은 사람이 우선 매장된다.
⑧무덤에 사자를 안치하는 것은 사자의 친척중 반드시 남자가 한다.
⑨사람을 고용해 시신을 씻기고 수의를 입히고 무덤에 안치하는 것

A.D.7세기 이슬람 무덤의 비문

은 바람직하지 않다. 사자의 가족이나 친척들이 하는 것이 좋다. 이슬람에서는 현세와 내세에서 가족 구성원들 간의 관계와 유대를 강조한다.

⑩ 무덤속의 사자는 끼블라를 향해 오른쪽으로 얼굴을 돌리고 안치한다.

⑪ 시신을 무덤에 안치하는 사람은 '알라와 알라의 은총과 사도의 이름으로'(bismillah wa `al? millati rasulillah)라고 말한다.

⑫ 시신이 무덤에 안치될 때까지 서 있을 필요는 없다. 시신을 안치하는 사람을 제외하고 조문객은 앉아도 좋다.

⑬ 무덤 주변에 있는 사람들은 시신이 안치된 후 덮기 전에 무덤으로 세 움큼의 흙을 사자의 머리 쪽으로 던진다.

⑭ 사자를 위해 기도한다.

5.3.4 문상과 애도

사자가 빚이 있으면 그 가족과 친척들이 능력이 닿는 범위내에서 가급적 빨리 갚아야 하며, 유족은 고인을 위하여 자선금을 낸다. 사자의 마지막 소원은 이슬람의 가르침에 위배되지 않으면 가급적 들어 준다.

유가족에게 조문과 위로를 하는 것은 무슬림의 의무로서 매장 후 삼일까지는 조문을 행하는데, 이를 행하는 무슬림에게는 알라가 부활의 날에 훌륭한 의상을 입혀준다고 무슬림들은 믿고 있다. 문상은 가족간, 이웃간의 우애와 함께 무슬림 공동체의 유대를 강화하는 역할도 하고 있다.

조문과 위로를 할 때에는 유가족들이 가능한 빨리 정상적인 생활로 돌아 올 수 있도록 동정과 격려를 위한 적절한 용어를 선택한다. 조문을 위한 적절한 표현은 '알라가 사자의 죄를 용서하시길'(ghafarallahu limayyitikum) 또는 '알라께서 받으시고 주시는 것은 알라의 것이며, 알라는 모든 것에 시간을 정해 두셨다'(Inna lillahi ma akhadha wa laua ma a`ta wa kullu shay' in `indaha ila ajalin musamma) 등이다. 조문과 격려는 지나쳐서는 안된다. 말은 짧고 가볍게 하며 웃음과 농담은 삼간다.

유가족은 조문객을 위해 음식을 준비하지 않아도 된다. 음식의 준비는 이웃과 친척들이 한다. 유가족을 위한 조문과 격려는 필요할 때까지 계속한다.

죽은 친척에 대한 애도를 할 수 있지만 3일을 넘겨서는 안되며, 미망인의 애도 기간은 4개월 10일 까지 연장할 수 있다.

사자에 대한 슬픔과 애도의 표시는 당연하지만, 슬픔의 표시로서 울부짖거나, 비명을 지르거나, 뺨을 때리거나, 옷을 찢거나 머리카락을 뜯는 행위를 해서는 안된다.

사자에 대한 애도를 할 때도 이슬람의 가르침에서 어긋나는 말을 해서는 안된다. 예를 들어 '나는 이제 어떻게 하라고?', '우리는 어떻게 살라고?' 등의 말을 해서는 안된다. 이는 알라가 아닌 인간에게 의지한다는 의미를 담고 있기 때문에 금지된다.

통곡하는 사람을 위로하는 것은 무슬림의 의무이며, 고인을 위하여 꾸란을 낭송하는 것은 좋은 일이나 사람을 고용해서 하는 것은 바람직하지 않다.

이슬람은 애도기간동안 미망인이 재혼하는 것을 허용하지 않는다. 이 기간에 미망인에게 청혼하는 것은 점잖지 못한 행동이다.

애도 기간중 미망인은 샤프론 색깔의 옷이나 보석을 착용하지 말아야 하고 손가락에 한나를 하거나 눈 화장을 해서는 안된다.

5.4 모임

이슬람은 무슬림 삶의 사소한 모든 면까지 통제하고 있으며, 무슬림의 올바른 인생은 이슬람에 복종하는 것이다. 이슬람의 가르침은 무슬림이 자리에 앉는 방법, 특히 여러 무슬림 형제들 사이에서 어떻게 앉는 것이 좋은가? 하는 것까지 지적하고 있다. 이슬람 사회에서 모임 예절은 다음과 같다.

1. 모임에 늦게 참석하여 자리에 앉을 경우에는 먼저 그 모임에 참석한 사람들에게 인사를 해야 한다. 그런 다음 자리의 끝에 앉는다. 다른 사람을 일어나게 하고 그 자리에 대신 앉아서는 안 된다. 또한 두 사람 사이에 그들의 허가없이 앉아서는 안 된다.

2. 한 사람이 일어난 후 다시 돌아오는 경우, 그 자리는 앉았던 사람이 우선적인 권리가 있다.

3. 사람들의 중간에 있는 빈자리에 앉아서는 안 된다.

4. 모임에 참석했을 때는 다음과 같은 예절을 지켜야 한다.
 ① 조용히 앉아야 한다.
 ② 손가락을 서로 꼬아서는 안 된다.
 ③ 자기 수염이나 반지를 가지고 놀아서는 안 된다.
 ④ 치아를 쑤시거나 코를 후벼서도 안 된다. 침을 뱉거나 하품을 해서도 안되며 많이 움직여서도 좋지 않다.
 ⑤ 말은 조심성 있게 무게를 주며 사실을 이야기한다.
 ⑥ 너무 말을 많이 해서는 안 되며 농담이나 논쟁을 삼간다.
 ⑦ 자신의 가족이나 자녀들에 관하여 또는 자신의 성과에 대하여, 그리고 취득한 물건이나 시와 같은 문학적·학문적 성과에 관하여 스스로 감탄하며 이야기해서는 안 된다.
 ⑧ 누군가 이야기할 때는 주의 깊게 그의 말을 경청하며 들은 내용에

대해 자신의 기쁨을 과장하여서도 안 된다.

⑨ 상대방의 말을 중단시키거나 말하는 사람에게 피해를 줄 정도로 반복하도록 요청하지 않는다.

무슬림이 모임에 참석해서 예절을 갖추어야 하는 이유는 두 가지가 있다.

첫째, 자신의 생각이나 행동으로 무슬림 형제에게 피해를 주지 않도록 하기 위함이다. 이슬람 공동체에서 교우를 해치는 것은 금지되어 있기 때문이다. 둘째, 이렇게 하는 것이 교우들로부터 사랑과 친교를 가져올 것이기 때문이다. 이슬람법인 샤리아는 무슬림 형제들 간에 사랑과 친교를 명령하였다.

5. 만일 길거리나 통로에 앉아 있을 경우에는 다음과 같은 예절을 지켜야 한다.

① 눈을 아래로 낮추고 길을 지나가거나 문, 발코니, 창문에 있는 여성 무슬림을 응시해서는 안 된다. 마찬가지로 누군가를 시기하는 눈초리를 보내서는 안 된다.

② 남의 통행을 방해하지 말며 지나가는 사람을 저주하거나 욕하지 않는다. 그리고 때리거나 재산을 훔쳐서는 안된다.

③ 인사를 받으면 반드시 그에 대한 인사를 해야 한다. 이것은 꾸란에서 알라께서 하신 말씀처럼 인사에 응답하는 것은 무슬림의 의무이기 때문이다.

④ 자신의 앞에서 무엇이 좋고 어떤 것이 무시되는 것인지를 지시해

야 한다. 왜냐하면 그가 목격하는 것에 대한 책임이 있기 때문이다. 더욱이 좋은 것을 지시하는 것은 모든 무슬림들의 의무이다. 예를 들면 굶주리거나 벌거벗은 사람이 자신의 앞을 지나가면 그들에게 능력이 되는 한, 음식과 옷을 제공하고 능력이 없을 때는 다른 사람들에게 그렇게 하도록 부탁해야 한다.

⑤ 무슬림은 또한 자신의 앞에서 목격되는 모든 사악함을 금지해야 한다. 만일 그의 앞에서 누군가를 때리거나 돈을 훔치는 경우 그러한 행동이나 범죄를 제지할 의무가 있다.

⑥ 안내나 방향을 묻는다면 그들을 안내하거나 알려주어야 한다.

5.5 초대

5.5.1 초대자의 예절

손님에게 관대하고 그가 필요로 하는 것을 그에게 제공하는 것은 의무라고 무슬림은 믿고 있다. 사도 무함마드는 알라와 최후심판의 날을 믿는 사람들은 자신의 방문객에게 너그러워야 한다. 1박2일 동안은 특별한 음식을 제공하며 3일간 대접한다. 그 이상은 일종의 자선행위이다'라고 말했다. 따라서 환대의 기회가 오면 무슬림은 다음과 같은 행동을 취해야 한다.

1. 신앙심이 높은 사람만을 초청하고 사악하고 부도덕한 사람을 피해야 한다.
2. 가난한 사람을 제외하고 부자만 초대해서는 안 된다. 사도 무함마

드는 '가장 나쁜 음식은 가난한 사람없이 부자들만이 초대된 축제의 음식이다' 라고 말했다.

3. 다른 사람들에게 자신을 과시하거나 자랑하기 위해서 사람들을 초대해서는 안 된다. 초대할 때 교우들에게 행복을 가져다주고 교우들의 마음속에 기쁨과 좋은 감정을 전할 의도를 갖고 있어야 한다.

4. 모임을 분열시키거나 참석자들에게 해를 주는 사람을 초대해서는 안 된다.

5. 주인은 손님에게 재빠르게 음식을 제공한다. 이는 손님을 공경하거나 환대의 일부이다. 샤리아는 '알라와 최후심판의 날을 믿는 사람들은 누구나 손님을 아낌없이 대접해야 한다' 는 하디스의 언급에서처럼 손님을 공경하고 환대해야 함을 명령하고 있다.

6. 주인은 손님들이 모두 음식을 다 먹기 전에 재빠르게 음식을 치워서는 안 된다.

7. 음식은 충분히 제공해야 하며 너무 적게 제공하는 것은 실례이다. 너무 많이 제공하는 것도 좋지 않다. 너무 적거나 너무 많은 것은 비난받아 마땅하다.

8. 주인은 손님이 그 집을 떠날 때까지 손님과 동행해야 한다. 이것은

이슬람의 신앙심이 깊은 조상들의 관례이다.

5.5.2 초대받은 자의 예절

1. 초대받은 사람은 그 초청에 적극적으로 응해야 하며 참석 못할 사유가 있을 때 자신이 직접 양해를 구해야 한다.

2. 가난한 사람과 부자의 초대를 차별 대우하지 말아야 한다. 가난한 사람의 초대에 응하지 않으면 그 사람의 마음을 아프게 할 것이다. 더욱이 이것은 거만의 일종이며 거만은 혐오되는 것이다.

3. 가까운 곳의 초대와 먼 곳의 초대를 구별해서는 안 된다. 그가 동시에 두 곳으로부터 초대를 받았다면 먼저 받은 초대에 응하고 나중에 받은 초대에 대해서는 양해를 구한다.

4. 단식 중에 초대를 받았다하더라도 초대에 응한다. 단식을 중지하여 초청인이 즐거워한다면 단식을 철회해야 한다. 이는 교우를 기쁘게 하는 것이 알라에게 더 가까이 하는 행동이기 때문이다. 그렇지 않으면 초대받은 사람은 초청인에게 최상의 것을 기원해야 한다.

5. 초대를 받으면 그의 교우가 그의 행동으로 보상받을 수 있도록 그에게 영광을 주는 의사를 갖고 응해야 한다.

6. 초대받은 사람은 초대한 사람을 오랫동안 기다리게 해서는 안된다. 또한 일찍 도착하여 주인을 놀라게 해서도 안 된다.

7. 손님은 돌출적인 모습이 아닌 겸손하게 집에 들어서야 한다. 만일 주인이 특정 장소에 앉도록 자리를 가리키면 그 곳에 앉고 그 자리를 떠나서는 안 된다.

8. 누군가를 방문하면 3일 이상 그의 집에 체류해서는 안 된다. 주인이 그 이상을 머물도록 고집한다면 예외이다. 손님이 떠나고자 할 때 주인의 허가를 반드시 얻어야 한다.

9. 손님은 설사 환대에 결점이 있다하더라도 즐겁고 행복한 상태에서 그 집을 떠나야 한다.

9. 무슬림은 3개의 침대를 갖고 있어야 한다. 하나는 자신을 위해, 또 하나는 부인을 위해, 나머지는 손님을 위한 것이다. 3개 이상은 금지되어 있다. 이것은 '자신을 위해, 부인을 위해 그리고 손님을 위해 침대가 있어야 한다. 네 번째 침대는 사탄의 것이다' 는 하디스의 언급에 따른 것이다.

5.6 식사
무슬림은 음식과 마실 것을 뭔가 다른 것의 수단으로 간주하여야 한다. 무슬림은 몸을 건강하게 유지하고 따라서 알라를 숭배할 수 있도록 먹고 마시는 것이다. 그 숭배는 또한 내세의 삶과 행복을 위한 숭배인 것이다. 무슬림은 단지 먹고 마시기 위해 그리고 그 욕망 때문에 먹거나 마시지 않는다. 그렇기 때문에 배고프지 않으면 먹지 않으며, 목마르지 않으면 마시지 않는다. 하디스에서는 '우리는 배고플 때까지 먹지 않는 사람들이다. 그리고 우리가 음식을 먹는다면 과식할 정도로 먹지 않는다' 라고 언급하고 있다. 이와 같이 무슬림은 샤리아가 규정한 음식의 매너를 준수하여야 한다.

5.6.1 식사 전 예절

1. 무슬림은 금지되어 있거나 의심스러운 것이 아닌 허용되고 순수한 재료를 준비하여야 한다. 순수한 재료라 함은 불결하거나 유해하지 않은 합법적인 것이다.

2. 인간이 먹는다는 것은 하나님을 숭배하기 위하여 신체를 건강하게 하는 데에 그 목적이 있다.

3. 두 손이 깨끗하지 않거나 깨끗하다는 확신이 서지 않을 때는 먹기 전에 손을 깨끗이 씻어야 한다.

4. 음식은 테이블이 아닌 바닥에 펼쳐 놓아야 한다. 이것은 행동을 더욱 겸손하게 하기 때문이다. 한 교우가 말하기를 사도는 테이블 위에서

아랍의 전통 음식

큰 접시로 음식을 먹지 않았다고 한다.

5. 먹기 전에 겸손한 자세로 앉고 있어야 한다. 무릎을 꿇고 앉거나 사도가 행한 것처럼 두 발을 안쪽으로 들여놓거나 혹은 오른 다리를 세우고 왼쪽 다리를 안쪽으로 들여놓아야 한다.

6. 무슬림은 자기 앞에 놓인 음식에 만족해야 하며 음식에서 어떤 하자를 발견해서는 안 된다. 음식이 마음에 들면 먹고 마음에 들지 않으면 그대로 두면 된다.

7. 음식을 들 경우에는 다른 사람들과 같이 먹도록 한다. 손님이나 가족, 아들이나 딸 또는 하인들과 같이 먹는다. 하디스에서는 '음식을 함

께 먹어라, 축복을 받기 때문이다' 라고 언급하고 있다.

5.6.2 식사 중 예절

1. 음식을 들기 전에 반드시 '비스밀라(bismillah, 하나님의 이름으로)' 라고 말해야 한다. 또한 '알함두릴라(alhamdulillah, 하나님을 찬양하며)' 라고 말하면 식사를 끝내면 된다.

2. 식사는 오른손 세 손가락으로 음식을 조금씩 집어서 잘 씹는다. 가까이 있는 음식을 먹되 가운데 있는 것을 가져가는 것은 좋지 않다.

3. 음식을 잘 씹어야 하며, 냅킨이나 물로 접시를 닦아내기 전에 접시를 깨끗이 비워야 한다.

4. 만일 음식을 떨어트렸을 경우에는 더러운 것을 없애고 먹으면 된다. 떨어진 음식은 사탄을 위해 그대로 두어서는 안 된다.

5. 뜨거운 음식을 입으로 훌훌 불어서는 안되며 그 음식이 식을 때까지 기다려야 한다. 마실 때도 마찬가지로 물 잔이나 찻잔 안을 입으로 불어서는 안 된다. 그 대신 용기 바깥쪽을 세 번 부는 것은 괜찮다.

6. 과식은 피해야 한다. 하이스에서 무함마드는 '위의 1/3은 음식을 위해, 1/3은 마실 것을 위해, 나머지 1/3은 호흡을 위해 나누어야 한

다' 라고 언급했다.

7. 여러 명이 먹고 마실 때는 최고 연장자에게 음식과 마실 것을 우선 제공해야 한다. 그 다음 순서는 연장자의 오른쪽부터 권하면 된다.

8. 자신보다 연장자이거나 덕망이 높은 사람과 같이 식사를 하는 경우에, 그들보다 먼저 음식을 먹거나 마셔서는 안 된다. 그런 경우는 무례한 행동으로 간주된다.

9. 친구나 동료에게 음식을 강요하거나 명령해서는 안 된다. 부끄럼 없이 먹을 만큼만 먹으면 된다. 타인에게 음식으로 부담을 주어서는 안된다. 이것은 금지되어 있다.

10. 음식이 충분하지 못한 경우에, 특히 옆 사람 보다 많이 먹지 않도록 적절히 배려해야 함은 물론이다.

11. 식사 중에는 식사중인 타인을 주시하지 않는다. 자신의 주위에 있는 음식에 시선을 둔다.

12. 거칠거나 천한 행동이라고 남들이 여기는 행동을 해서는 안 된다. 접시 위로 악수해서는 안되며 음식에 머리를 가까이 해서도 안 된다. 다른 사람이 먹을지도 모를 음식에 뭔가를 입에서 떨어트릴지도 모

르기 때문이다. 빵 조각을 입으로 깨물었을 경우, 나머지 빵을 음식에 되돌려 놓아서도 안된다. 식사 도중에는 혐오스러운 내용을 화제로 삼지 않는다.

13. 가난한 사람들과 식사할 때에는 그들에게 자신보다 먼저 음식을 권해야 한다.

자신의 형제들 그리고 친구들과 식사할 때에는 우애가 있고 행복하게 식사하며, 지위가 있거나 존경할만한 사람들과 식사 할 때에는 적절한 매너와 경의를 가지고 식사한다.

5.6.3 식사 후 예절

1. 포만감을 느끼기 전에 식사는 중단한다. 위가 약해지는 것을 막고 지혜로운 사고나 정신 상태를 유지하기 위함이다.
2. 식사를 모두 마치면 '알 함두릴라(알라께 찬미를)' 라고 말한다.
3. 식사 후에 반드시 손을 깨끗이 씻는다.
4. 식사 도중에 떨어진 음식은 무엇이든지 집어 올려야 한다. 이는 권장을 받을 만한 일이며, 주인의 환대에 대한 고마움의 표시이기도 하다.
5. 치아 사이를 깨끗이 하고 입을 헹구어야 한다. 이것은 알라를 기억하고 형제들과 대화하기 위해 입을 사용하기 때문이며, 더 나아가 입을 깨끗이 함은 치아를 건강하게 유지하기 때문이다.

5.6.4 음료

이슬람에서 알코올 성분의 모든 음료는 금지된다. 음료의 용기는 금과 은으로 만든 그릇을 제외한 모든 그릇은 허용된다.

음료수 특히 물은 깨끗하게 보존해야 한다. 밤에 덮개는 반드시 막아야 한다. 음료를 마실 때는 오른 손을 사용하며 필요한 경우 외에는 왼손을 쓰지 않는다.

길거리의 음료수 상인.

음료를 마실 때에는 '비스밀라 알라흐만 라힘 (bismillah alra- man alrahim, 알라의 이름으로 그를 찬양하며)' 라고 말한다.

병이나 가죽 주머니에 직접 입을 대고 마시는 것은 피하며, 모서리가 부서진 컵은 사용하지 않는다. 음료를 마실 때 컵 안으로 숨을 내쉬지 않는다.

물은 단숨에 마시는 것이 아니라 컵으로 천천히 마신다. 한 모금 마신 후 입에서 떼고 호흡을 한 후 다시 마신다. 이 동작을 3회에 걸쳐 한다. 이 방법이 갈증을 보다 잘 해소시키고 몸에도 이롭다.

우물이나, 강, 호수등에서 물을 마실 때 배를 깔고 입으로 물을 마시는 것을 피한다. 손을 씻은 후 손으로 물을 떠 마신다. 서거나 눕거나 기대서 물을 마시지 않고 앉아서 마신다.

물을 마시고 나면 '알라후마 바릭라나 피히 지드나 민후(allahumma barik lana fihi zidna minhu, 알라의 축복으로 우리가 번영을 누리기를)' 라고 말한다.

사람들이 무리지어 있을 때는 나이에 관계없이 오른 쪽에 있는 사람이 음료를 먼저 마신다. 한 사람이 여러 사람에게 마실 것을 나누어 줄 때는 그의 왼쪽에 연장자가 있다 해도 오른쪽에 있는 사람부터 준다. 우선권은 항상 오른쪽에 있다. 음료는 오른 손으로 건네준다. 음료를 받은 사람은 준 사람과 알라께 감사한다.

우유처럼 지방이나 당분이 포함된 것을 마시면 입안의 청결과 건강을 위해 입을 씻는다. 뜨거운 음료는 불어서 식히지 않고 식을 때까지 기다린다.

그릇에 있는 것을 개가 마시면 찰흙(또는 비누)을 포함해서 7번을 물로 씻는다. 특히 개의 타액을 잘 씻는다.

5.7 의복

옷 입는 것과 관련된 꾸란의 구절은 다음과 같다. 무슬림은 다음의 꾸란 구절에서처럼 알라께서 옷을 입도록 명령하셨다고 보고 있다.

"아담의 자손들이여 너희가 예배하는 때와 예배하는 곳에서는 의상으로 단장하되 사치하지 말고 과식하지 말며 과음하지 말라 실로 알라는 낭비하는 이들을 사랑하지 아니하시니라" (7:31)

의복은 또한 알라가 말씀하신 것처럼 알라의 하사품이다.

"아담의 자손들이여 너희들에게 의상을 주었으니 너희의 부끄러운 곳을 감추고 아름답게 꾸미라 그러나 알라를 공경하는 의상이 제일이니라 그것이 곧 하나님의 증표이거늘 그들은 기억하리라" (7:26)

"알라는 너희에게 그늘을 주시어 산 계곡에 피서지를 주시고 의복을 주어 더위를 피하게 하셨으며 갑옷으로는 적을 방어토록 하셨노라. 이렇듯 그분은 너희를 위해 은혜를 완성하셨으니 너희가 이로 하여 순종하도록 함이라" (16:81)

"알라는 다윗에게 갑옷을 만드는 것을 가르쳐 주었나니 이는 너희가 전쟁에서 너희를 보호하기 위함이라" (21:80)

하디스에서는 '먹고 마시고 입으시오, 지나침이나 거만하지 않게 자선을 베푸시오' 라고 언급하고 있다.

사도 무함마드는 어떤 종류의 의복이 허용되고 그렇지 않은지를 명백히 했다. 그는 무엇을 입어야 더 좋은 지와 그렇지 않은 가를 보여 주었다. 따라서 무슬림은 옷과 관련한 다음의 예절을 반드시 지켜야 한다.

1. 남성 무슬림은 그 것이 옷이든 머리 덮개이거나, 그 밖의 어떤 것이든 비단을 절대로 입어서는 안 된다. 사도 무함마드는 오른 손에 비단을, 왼 손에 금을 들고 '이것들은 우리 공동체의 남성들에게는 금지된 것이다' 라고 말했다.

   그는 비단과 금은 남성에게 금지되었으나 여성에게는 허용된다고 말했다.

2. 가운, 팬티, 머리 덮개 또는 (소매 없는) 외투는 발목아래를 덮을 때까지 길어서는 안 된다. 사도 무함마드 '알라는 유약한 남성과 남성 같은 여성을 저주하신다' '알라는 여성의 옷을 입는 남성과 남성의 옷을 입는 여성을 저주하시며 또한 여성을 흉내내는 남성

아랍의 전통 의상

과 남성을 흉내내는 여성을 저주하신다.' 알라께서는 외투, 셔츠, 터번을 자랑으로 길게 하는 사람을 부활의 날에 바라보시지 않는 다' 라고 말했다.

3. 무슬림에게는 모든 색깔이 허용되지만, 그 어떤 색깔보다도 흰 색의 옷을 선호한다. 사도 무함마드는 '흰 옷을 입으시오. 그것은 더 순수하고 더 좋은 것입니다. 그리고 시체는 흰 천으로 감싸십시오' 라고 말했다.

4. 무슬림 여성은 자신의 발을 덮을 수 있도록 겉옷을 입어야 한다. 그녀는 또한 머리 덮개로 목과 가슴을 덮어야 한다.

아랍 여성의 전통 의상.

"믿는 여성들에게 일러 가로되 그녀들의 시선을 낮추고 순결을 지키며 밖으로 나타내는 것 외에는 유혹하는 어떤 것도 보여서는 아니 되나라 그리고 가슴을 가리는 머리수건을 써서 남편과 그녀의 아버지, 남편의 아버지, 그녀의 아들, 남편의 아들, 그녀의 형제, 그녀 형제의 아들, 그녀 자매의 아들, 여성 무슬림, 그녀가 소유하고 있는 하녀, 성욕을 갖지 못한 하인 그리고 성에 대한 부끄러움을 알지 못하는 어린이 외에는 드러내지 않도록 하라. 또한 여성이 발걸음 소리를 내어 유혹함을 보여서는 아니 되나니" (24:31)

"예언자여 그대의 아내들과 딸들과 믿는 여성들에게 베일을 쓰라고 이르라 그때는 외출할 때라 그렇게 함이 가장 편리한 것으로 그렇게 알려져 간음되지 않도록 함이라" (33:59)

5. 무슬림 남성은 금반지를 착용해서는 안 된다.

6. 무슬림 남성이 은반지를 끼거나 편지나 서적의 도장으로 또는 일종의 서명으로 사용할 목적으로 자신의 이름을 새겨 넣어도 해가 되지 않는다. 전하는 바에 의하면 사도 무함마드는 왼 손 작은 손가락에 은반지를 끼고 있었다고 한다.

7. 손이 밖으로 나올 수 없을 정도로 큰 옷으로 자신을 완전히 감싸서는 안 된다. 또한 신발 한 짝으로 걸어서는 안 된다. 사도 무함마드는 신발 한 짝으로 걸어서는 안 되며 맨발로 걷거나 두 짝으로 걸어야 한다고 말씀하셨다.

8. 남성 무슬림이 여성 무슬림의 옷을 입는 것은 허용되지 않으며 마찬가지로 무슬림 여성이 무슬림 남성의 의상을 입어서도 안 된다. 사도 무함마드는 '알라는 유약한 남성과 남성 같은 여성을 저주하신다', '알라는 여성의 옷을 입는 남성과 남성의 옷을 입는 여성을 저주하시며 또한 여성을 흉내내는 남성과 남성을 흉내내는 여성을 저주하신다' 라고 말했다

9. 신을 신을 때는 오른 쪽부터 시작하고 벗을 때는 왼쪽부터 벗는다.

10. 옷을 입을 때는 오른 쪽부터 시작해야 한다. 사도 무함마드의 부인인 아이샤는 '알라의 사도는 모든 문제에, 신을 신거나 머리를 빗거나 몸을 깨끗이 할 때에 오른쪽부터 시작하시는 것을 좋아하셨다' 고 말했다.

5.8 여행

무슬림은 여행을 삶을 영위함에 있어 필요한 한 부분으로 간주하고 있다. 순례, 오무라(Umrah), 지하드, 학문 추구, 무역, 형제 방문 등은 무슬림 인생의 필수이자 의무적인 부분이다. 따라서 여행은 불가피하

다. 이와 같은 이유로 샤리아는 여행의 측면과 인생에 적용할 예절을 구체적으로 다루고 있다.

1. 기도는 그가 사는 땅을 떠나서 다시 집에 돌아올 때까지 단축할 수 있다. 예를 들면 4번의 라카를 2번의 라카로 대신할 수 있다.

2. 1박 이상의 여행의 경우 간단히 양말 위를 만지는 것으로 우두(세정)를 대신할 수 있다.

3. 세정을 하기 위한 물이 없거나 물 구하기가 어렵거나 물이 너무 비싸면 타얌뭄(tayammum)[12]이 허용된다.
   "술에 취하여 예배하지 말라 너희가 무엇을 말하고 있는지 알 때까지라 불결해서도 아니되나 여행자는 제외라. 너희가 아프거나 여행 중일 때 화장실에서 돌아왔을 때 여성을 만졌을 때 물을 발견치 못했을 때는 깨끗한 흙 위에 따얌뭄을 하고 너희 얼굴과 양손을 문질러 깨끗이 하라"(4:43)

4. 여행 중에는 단식중인 신자는 단식을 중지할 수 있다.

   "정하여진 날에 단식을 행하면 되나 병중에 있거나 여행 중에 있을

---

12) 세정이나 목욕을 할 수 없을 때 깨끗한 모래, 흙, 자갈, 돌 등에 양손을 살짝 댄 후 묻은 먼지를 양손으로 비벼 떨어버린 후 얼굴을 한 번 쓰다듬은 다음 양손을 비빈다. 이처럼 이슬람에서는 물 대신 흙을 사용해도 청결해진다고 믿는다(역자주)

때는 다른 날로 대응하되 불쌍한 자를 배부르게 하여 속죄하라. 그러나 스스로 지킬 경우는 더 많은 보상이 있으며 단식을 행함은 너희에게 더욱 좋으니라"(2:184)

5. 여행 중에 동물의 등에 타고 있을 때는 그때 동물이 향하고 있는 방향에 관계없이 자발적으로 기도를 할 수 있다.

6. 하루 5차례의 기도 중에서 여행 중에는 정오 예배와 오후 예배를 하나로 합치거나 해질 때의 예배와 밤 예배를 합쳐서 행하는 등 단축 실시가 허용된다. 이것도 타북(Tabook) 전투 때 예언자를 동행한 교우들의 언급에 따른 것이다.

7. 여행을 떠나기 전에 잘못 소유한 것이나 자신에게 맡긴 위탁물은 정당한 소유자에게 반환하여야 한다. 이는 여행 중에 사망할 가능성이 있기 때문이다.

8. 여행자는 순수하고 법적으로 허용된 식량을 준비해야 하며 더욱이 자신이 재정적으로 책임을 지는 사람들, 예를 들면 부인, 자녀들과 부모님이 살아가는 데 필요한 것을 남겨둬야 한다.

9. 여행자는 가족, 형제들과 가까운 친구들에게 작별인사를 해야 한다.

10. 여행할 때 3명이나 4명과 동행한다. 물론 여행하기 가장 좋은 사람들을 선정한다. 여행은 다른 사람의 성격을 진실로 시험하고

밝혀준다고 알려지고 있다.

11. 여행자들은 일행 중에서 리더를 선출한다. 리더는 나머지 사람들과 협의를 바탕으로 결정을 내린다. 하디스에서는 '세 명이 여행할 때, 그들 중에서 리더를 뽑아야 한다'고 언급하고 있다.

12. 여행자의 기도는 알라가 응답하기 때문에 여행자는 여행 중 알라게 간청할 수 있다. 사도 무함마드는 '세 종류의 간청은 알라가 의심없이 응답하신다. 학대받는 자들의 간청, 여행자들의 간청, 아버지의 아들에 대한 간청이 그것이다'라고 말했다.

13. 여행자는 여행의 목적을 달성하는 대로 빨리 가정과 사는 곳으로 복귀하도록 노력하여야 한다.

14. 여행자는 밤에 가족으로 돌아가서는 안 된다. 나아가 그는 귀환에 놀라지 않도록 그의 도착을 알릴 메신저를 보내야 한다.

15. 여성은 남자 친척과 동행하지 않으면 하루 밤 이상의 거리에 여행해서는 안 된다. 사도 무함마드는 '마흐람(Mahram, 결혼이 금지된 남자친척이나 남편을 가리킴)과 같이 하지 않으면 하루 밤 이상의 여행이 여성에게는 허용되지 않는다'라고 말했다.

VI 신체와 관련된 예절

VI 신체와 관련된 예절

6.1 청결

무슬림은 알라의 책과 사도 무함마드의 순나의 가르침에 따라 자신의 행동을 제한해야 한다. 무슬림은 이 두 가지 가르침의 빛으로 살아가야 한다. 무슬림의 삶의 모든 문제는 꾸란과 순나의 가르침에 따라 이행되어야 한다.

"믿음이 있는 남자이건 여자 이건 알라가 결정하신 일에 그들
이 선택하려 함은 온당치 아니 하나니 만일 알라와 선지자께 거
역하는 자 있다면 그것은 분명히 길을 잘못 들어 있노라"

"알라께서 그 고을의 백성들로부터 빼앗아 그분의 선지자에게
주신 모든 것은 알라와 선지자와 친척과 고아들과 필요로 한 사
람과 여행자를 위한 것으로 너희 가운데 부유한 자에게 분배되
는 것이 아니라 그리고 선지자께서 너희에게 준 것은 수락하되
그분께서 금기한 것은 거절하고 알라를 두려워하라. 실로 알라
는 엄한 징벌을 내리시니라" (59:7)

사도 무함마드는 '우리의 문제에 일치하지 않는 행동을 행하는 자는 누구나 거부될 것이다' 라고 말했다.

따라서 무슬림은 사도 무함마드가 '당연히 청결을 유지해야 하는 다섯 가지 행동은 다음과 같다. 즉 음모 깎기, 할례, 콧수염 깎기, 겨드랑이 털 제거하기, 손톱발톱 깎아 다듬기이다' 라고 언급한 것을 기억해야 한다.

1. 할례는 남성의 성기 표피를 제거하는 것이다. 사도가 외손자 하산과 후세인을 할례시킨 것처럼 생후 7일째 하는 것이 더욱 좋다. 그러나 사춘기가 시작되기 전 할례를 연기시켜도 무방하다. 아브라함은 80세 때 본인이 스스로 할례하였다고 전해지고 있다.

2. 무슬림은 입술을 덮는 콧수염을 깎아야 한다. 턱수염은 얼굴을 덮을 때까지 충분히 자라도록 내버려두어야 한다. 사도 무함마드는 '콧수염을 깎아라. 턱수염이 완전히 자라도록 허용이 된다. 마기(Magian)족과는 다르게 하라', '다신교도들과 달라야 한다. 콧수염을 깎고 턱수염은 내버려두어라' 라고 말했다.

턱수염을 깎는 것은 금지되어 있으며 또한 머리의 일부는 깎고 일부는 그대로 두는 알-까자(al-Qaza)는 피해야만 한다.

3. 머리카락을 검게 염색하는 것은 피해야 한다. 그러나 헨나로 염색하는 것은 허용되며 좋은 일이다. 만일 머리카락을 자라게 하고 깎지

않는다면 오일을 사용하거나 뽕음으로서 적당히 다루어야 한다.

4. 겨드랑이 털은 뽑아내야 한다. 만일 뽑을 수 없다면 면도를 하거나 석회암으로 제거해야 한다.

5. 오른 손가락부터 깎고 왼손가락을 한 다음 오른 발톱과 그 다음 왼 발톱 순서로 깎는다.

6.2 생리현상
6.2.1 수면

무슬림은 수면을 알라께서 그 분의 종들에게 하사하신 위대한 축복 으로 보고 있다.

"그분의 은혜로 말미암아 그분은 밤과 낮이 있도록 하셨으니 이는 너희가 그 안에서 휴식을 취하고 그분의 은혜 가운데서 양식 을 구하며 알라에게 감사하도록 함이라"(29:73)

"수면을 두매 너희 휴식을 위해 두었고"(78:9)

하루동안 일하고 움직인 후에 밤 시간에 휴식을 취하는 것은 몸의 기 운을 다시 찾게 하여 주며 피로에서 회복시켜 알라께서 주신 책임을 수 행할 수 있게 하여 준다. 따라서 모든 무슬림은 이러한 축복에 감사해야 한다.

수면과 관련된 예절은 다음과 같다.

① 무슬림은 밤 예배를 마친 후 잠을 자는 것에 지체해서는 안 된다.
그러나 공부, 손님과의 토론, 가족과의 친교시간 등 필요한 경우
에는 예외다. 한 교우가 전하는 바에 의하면 사도 무함마드는 밤
예배 이전에 잠을 자고 밤 예배 이후에 얘기를 나누는 것을 싫어
했다고 한다.

② 수면에 들기 전에 세정을 확인한다. 사도 무함마드는 '침대에 갈
때에는 기도를 위한 세정과 같은 세정을 하라'고 말했다.

③ 무슬림은 오른 쪽으로 누워 잠을 자기 시작한다. 그 후에 왼쪽으
로 잠을 자는 것은 무방하다.

④ 낮이거나 밤이거나 배를 깔고 누워 잠을 자서는 안 된다. 사도 무
함마드는 '그렇게 자는 것은 지옥의 사람들이 누워 자는 것이다'
라고 말했다.

6.2.1.1 수면을 위한 준비

① 침대에 가기 전에 심신을 편안하게 한다.

② 세정을 하여 몸을 깨끗이 한 상태에서 침대에 든다.

③ 음식을 먹어 배가 부른 상태에서는 잠자리에 들지 않는다.

6.2.1.2 수면을 할 때

① 이샤 예배를 하지 않고서 잠자리에 들어서는 안된다.

② 기도 시간에 잠을 자서는 안된다.

③ 주흐르와 아스르 예배 사이의 짧은 낮잠은 허용된다. 이는 눈과 몸의 피로를 풀어 주고 남은 하루의 시간에 활력을 준다.

④ 특별한 상황이나 손님을 위한 경우를 제외하고 이샤 예배 후에 곧 바로 잠자리에 들어야 한다. 이는 다음 날을 위한 것이다.

⑤ 잠자기 전에는 "알라여! 당신의 이름으로 나는 살고 죽습니다 ('bismillah allahumma ayha wa bismika amuti') 라고 기도 한다.

⑥ 억지로 잠을 자려 하지 마라. 잠은 신체의 상태에 따라 자연스럽 게 청해야 한다.

⑦ 잠이 들 때까지 알라를 기억해야 한다. 이는 휴식과 그 날의 고통 에서 벗어나게 해 줄 것이다.

⑧ 규칙적인 수면을 취한다

6.2.1.3 침대

① 침대는 단순한 구조와 디자인으로 한다. 지나치게 안락하거나 불 편해서는 안된다.

② 침대는 너무 높아서는 안된다. 이는 겸손의 표시다.

③ 신체의 한 부분이 태양 광선에 노출되는 곳이나 그늘진 곳에 침대 를 두어서는 안된다.

④지붕이 허술한 곳에 침대를 두어서는 안된다.

⑤질병, 화재, 도둑 등과 같은 긴급한 상황에서 도움을 받을 수 없는 곳에 침대를 두어서는 안된다.

⑥화장실이 가까이 없는 경우는 침대 밑에 적당한 용기를 두어도 괜찮다. 특히, 병자나 노약자의 경우는 권유된다.

6.2.1.4 수면에서 깼을 때

①새벽에 잠에서 깨어나는 것이 하루 온종일에 긍정적인 영향을 줄 것이다.

②알라를 칭송하고 감사하는 것으로 하루를 시작한다.

③파즈르 예배를 위해 세정을 하기 전에 칫솔로 이빨을 닦는다.

④흐르는 물이 없으면 물이 고여 있는 용기에 손을 담그기 전에 우선 손에 물을 붓고 씻는다. 이는 밤 동안에 손이 무엇을 만졌는지 모르기 때문이다.

6.2.1.5 꿈이나 악몽을 꾸었을 때

①본인이 좋아하는 것을 꿈에서 보았으면 본인이 좋아하는 사람에게만 말한다. 본인이 싫어하는 것을 꿈에서 보았으면 알라께 의지하여 악마로부터 구원을 받는다.

②꿈은 친구나 바른 판단력을 가진 사람에게만 말한다.

③꿈은 본인 자신에 관한 것이다. 꿈에서 사도를 만나거나 그로부터 훈계를 받았다면 본인 혼자만 간직하고 다른 사람에게 말해서는

안된다. 이슬람은 완성된 것이기 때문에 이슬람의 가르침으로서 꿈을 결코 인정하지 않는다.

6.2.2 용변

무슬림은 왼발부터 화장실에 들어가며 들어가며, 화장실에서 은밀한 부분을 타인에게 보여서는 안된다. 화장실에 맨발로 들어가서는 안된다. 이는 신체의 부정을 피하고 감염을 막기 위해서다.

화장실에 들어 가기 전에 옷을 벗기 시작해서는 안되며, 품위를 지켜야 한다.

용변후의 청결은 중요하다. 소변 후에 물로 씻고 휴지로 닦는다. 용변이나 이후 세정때 오른 손은 사용하지 않는다. 이는 오른 손은 식사, 음용, 꾸란 들기와 같은 좋은 곳에 사용하고, 왼손은 용변 후의 세정, 코

요르단 암만의 공중 화장실

풀기 등과 같은 곳에 사용한다는 이슬람식 관습에 따른 것이다.

신체와 의복의 청결함을 위해서 용변 후 신체와 의복의 점검이 필요하다. 과장되거나 신경질적인 행동은 피한다.

자신의 은밀한 부분이나 배설물을 보는 것은 점잖지 못한 행동이다.

끼블라방향으로 용변을 보는 것은 금지된다. 끼블라 방향으로 등을 돌려서도 안된다. 이는 화장실을 지을 때도 적용된다.

소변을 볼 때 쪼그리고 앉는 것이 최선의 자세다. 쪼그리고 앉는 것이 육체적으로 힘들 때는(노인, 장애자 등) 선 채로 소변보는 것이 금지되지는 않는다.

용변을 보면서 다른 사람과 대화를 나누거나 독서를 하는 것은 필요한 경우를 제외하고는 비이슬람적이다.

용변을 보고 있을 때 누군가가 인사를 하면 화장실에서는 대답을 하지 않아도 된다. 이후 그에게 사과하고 인사를 한다. 의복을 단정히 한 후에 화장실을 나선다.

목욕하는 곳에서 소변을 보는 것은 바람직하지 않다. 숲, 사막, 야영지같은 공개된 장소에서는 물, 그늘, 길, 축사, 바람부는 곳에서 용변을 금한다. 자신을 숨길 수 있고 용변보는 모습이 보이지 않는 곳을 찾아야 한다.

6.2.3 생리와 해산

생리와 해산은 정상적인 것으로서 이로 인해 여성을 제약해서는 안된다. 그러나 여성을 보호하기 위한 최소한의 제약은 할 수 있다. 이 기간동안 예배, 단식, 꾸란 읽기와 사원에서 머무는 것은 금지된다.

성지 순례중인 경우 카바 신전의 순례는 금지된다. 이 외의 의식은 수행할 수 있다.

성행위는 금지된다. 만약 아내가 원한다면 남편은 포옹과 입맞춤으로 대신한다.

라마단중의 생리 기간에는 단식과 예배를 중단한다. 생리가 끝난 후 중단한 기간만큼의 단식은 이후 보충해야 하지만 예배는 보충하지 않아도 된다.

생리와 해산이 끝나면 전신을 씻고 머리를 감아야 한다. 이때 은밀한 부위에 향수를 뿌리는 것이 권유된다. 목욕 후에 생리와 해산 중에 금지되었던 모든 의례를 수행할 수 있다.

생리중인 여인은 축제 기간 중의 예배에 참석할 수는 있으나 예배는 허락되지 않는다.

6.2.4 재채기

이슬람에서 재채기는 알라의 축복으로 간주되기 때문에 무슬림은 재채기를 참거나 멈추려 하지 않는다. 재채기는 건강의 표시이기도 하다. 재채기가 나려 하면 무슬림은 얼굴을 돌리고 입과 코를 손이나 손수건으로 가린다. 이는 소리를 줄이고 주변 사람들에게 불쾌감을 주지 않기 위함이다.

재채기는 알라의 축복으로 간주되기 때문에 재채기를 한 사람은 '알함두릴라(al-hamdu lillah)' 라고 말한다. 상대가 재채기를 하고 '알함두릴라' 라고 말하면 주변에 있는 사람들이 '야르하묵 알라(yarhamuk allah, 알라가 당신에게 자비를 베풀기를)' 라고 말한다.

재채기를 한 사람에게 최대 세 번까지 축복을 빌어준다. 그 이상이면 감기에 걸렸을 지도 모른다.무슬림이 재채기를 하고 '알함두릴라' 라고 말하지 않으면 그를 위해 응답할 필요가 없다.

무슬림이 재채기를 하고 '알함두릴라' 라고 말하는 것을 잊으면 근처에 있는 사람들이 하나님의 축복을 말하도록 일깨워 주어야 한다. 사도 무함마드는 재채기와 관련하여 '너희 중의 누군가가 재채기를 했다면, 그의 형제는 '알라가 당신에게 축복을' 라고 말해야 한다. 이때 재채기를 한 사람은 '알라가 당신과 나를 용서하시기를' 또는 '알라가 당신을 바른 길로 인도하시기를' 라고 대답해야 한다' 라고 말했다.

아부 후라이라는 사도 무함마드가 재채기를 했을 때 그는 손을 들어 옷으로 입을 막고 그 소리를 감추었다고 한다.

صدق الله العظيم

VII 아랍·이슬람 사회의 금기

Ⅶ아랍 · 이슬람 사회의 금기

    아랍 · 이슬람사회에서의 금기사항은 거의 꾸란과 무함마드의 언행록인 하디스 등에 바탕을 둔 이슬람 교리에 따른 것들이 대부분이기 때문에 이슬람을 믿지 않는 외국인들을 당황시키는 일들이 많으므로 이슬람권을 여행하거나 체류할 때는 무척 주의해야 한다. 이슬람의 주요 금기사항은 다음과 같다.

1)술과 도박

    이슬람에서는 술은 모든 악의 모체이며, 술과 도박은 큰 죄악으로써 이성(理性)을 잃게 하고 대중의 평화를 혼란스럽게 한다고 믿는다.

> "술과 도박에 관하여 그대에게 물을지니, 일러 가로되, 그 두 곳에는 큰 죄악과 인간에 유용한 것이 있으나 그것의 죄악은 효용보다 크다 이르되…"(꾸란 2장 219절)

    술은 인간의 정신과 육체, 그리고 신앙과 생활을 해친다. 이슬람은 음주로 인한 유익보다는 그 해독을 중요시하는 것이다.

또한 고리 대금, 부당한 방법에 의한 이윤, 불로소득(不勞所得), 복권, 이자놀이 등은 악마가 하는 짓이고 불결한 행위로 간주한다(꾸란 2장 275절, 3장 130절 참조).

마약은 인간의 정신을 흐리게 하기 때문에 금지된다. 인간의 정신에 영향을 주는 모든 약들이 포함된다.

2) 돼지고기나 짐승의 피를 재료로 한 음식은 먹지 않으며 이슬람식으로(알라의 이름으로) 도살하지 않은 고기도 먹지 않는다

(꾸란 2장 173절, 5장 4절 등 참조).

돼지고기를 금식(禁食)시키는 이유는 위생학적인 면과 인품의 순결을 지키도록 하기 위한 조처이다. 돼지는 성질이 게으르고 거의 무엇이든 닥치는 대로 먹어 치운다. 모든 육류 중에서 해로운 병균을 보유하고 있는 것이 돼지고기이며, 또한 질병의 매개체이다. 이슬람에서 깨끗한 고기를 먹도록 가르치고 있기에 돼지고기가 식용(食用)에 적합하지 않은 것이다. 더욱이 중동의 기후는 대부분 덥기 때문에 돼지고기는 쉽게 부패하고 닥치는 대로 먹어 치우는 습성 때문에 당시 음식 수급에도 문제가 되었다. 또한 이슬람이 무슬림들에게 청결을 강조하는 점에 비추어도 돼지 사육은 이에 위배되는 것이다.

권삼윤은 그의 책 『차도를 벗고 노르웨이 숲으로』에서 돼지는 소나 염소, 양에 비하여 쓸모가 적고 중동환경에 적합하지 않다고 하였다. 즉, 소나 염소, 양은 고기 이외에도 우유나 가죽 등 그 환경에 꼭 필요한 것을 더 제공한다는 의미이다.

2009년에 전 세계를 강타한 신종 플루의 영향으로 인해 이집트에서는 일부 기독교인들이 사육하던 돼지 350,000마리가 전부 살처분되어 이집트에서 더 이상 돼지를 볼 수 없게 되었다.

동물이 살아있을 경우에는 그 피는 살아있는 혈구임으로 이슬람 도살(屠殺)법으로 도살하면 허용된다. 짐승을 식용으로 도살하는 방법은 이슬람이나 기독교 및 유대교가 엄숙하게 창조주에게 경의를 표시하고서 도살한다는 점과, 이교도들이 제단에 올리기 위해서 잡은 고기를 먹지 않는다는 것은 기독교와 일치하고 있다.

아랍의 동물우화인 『칼릴라와 딤나』에서도 돼지는 흉측하고 불결한 몸뚱이로 묘사되어 있다.

3) 이슬람이나 꾸란, 무함마드를 비난해서는 안 된다.

특히 성전인 꾸란은 소중히 다루어야 한다. 꾸란 위에 다른 물건을 놓아서도 안 되며 더럽혀서도 아니 된다.

다음은 무함마드를 비하(卑下)하고 이슬람을 모독한 실제 사건에 대한 외신을 종합한 일간지 기사이다 (조선일보, 동아일보 참조, 2002. 11. 23).

"이슬람교 창시자 마호메트를 모욕한 언론보도에 분노한 나이지리아의 이슬람교도들이 20, 21일 북부 카두나시에서 폭동을 일으켜 최소 100명이 숨지고 500여명이 다쳤다고 외신들이 보도했다. 이번 폭동은 나이지리아의 일간지 '디스데이'가 16일 만약 마호메트가 오늘날 나이지리아에 살았다면 다음달 7일 열리는 미스월드대회 참가자 중 1명을 아내로 삼았을 것이라고 보도하면서 촉발됐다. 이슬람교도들은 마호메트의 신성함을 훼손하고 이슬람을 모욕했다며 즉각 반발했다. 디스데이는 두 차례에 걸쳐 사과기사를 게재했지만 분노를 잠재우지 못했다. ...... 이슬람 측에서는 그 동안 미스월드대회가 불경스러울 뿐만 아니라 대회를 하필 금식월(라마단)에 갖겠다고 하는 것은 이슬람을 무시하는 처사라며 반발해왔다. 그러나 주최측은 지난해 미스나이지리아가 미스월드로 뽑힌 것을 기념해 대회를 갖는 것이므로 취소는 어렵다고 맞서 왔다. 나이지리아 정부는 이번 폭동이 종교분쟁으로 번지지 않을까 우려하고 있다."

4) 무슬림이 5대 의무를 행할 경우, 특히 예배나 단식 중에 큰 소리로 방해하거나 좋지 않은 예절을 보여서는 안 된다.

인도네시아나 말레이시아 등지에 진출한 우리 기업들은 근무 중에 현지 무슬림 직원들이 예배를 보는 것을 마치 업무에 게으름을 피우는 것으로 착각하고, 그 때문에 노사분규의 빌미를 제공했고 노사간의 신뢰에 문제가 발생한 적이 있다. 그들에게 깨끗한 기도 장소를 제공하고 배려한다면 오히려 근무성적이 올라갈 것이 틀림없다는 점을 인식해야 할 것이다.

5) 남녀 모두 반바지 차림이나 노출이 심한 옷을 입지 않는 것이 좋다.

또한 남녀관계에 대한 이해가 다르므로 아랍여성을 희롱하는 것은 매우 불쾌한 일이라고 생각함으로 절대 금하는 것이 안전하다. 아울러 아랍여성을 촬영하려 하지 않는 것이 좋다.

6) 왼손으로 음식을 먹거나, 악수하든지 물건을 건네받아서는 물론 안 된다.

7) 엉덩이를 만지는 것은 좋지 않다.

그와 같은 행위는 동성연애의 의사표시라고 보아도 무방하다. 이슬람은 동성연애와 자위행위를 금지한다.

8) 남성이 비단 옷을 입는 것은 삼가는 것이 좋다.

이는 하디스에 근거한다. 전통적으로 비단 등 부드러운 옷감은 여성들이 사용한다. 특히 빨강, 노랑 등 원색은 여자들이 입는 것으로 생각한다. 또한 중동의 기후가 더워 땀이 많이 나기 때문에 비단을 대체적으로 입지 않는다.

9) 남성이 금반지를 착용하는 것도 금지로 되어 있다.

그러나 여성의 경우는 허용된다. 남성에게는 은반지는 무난하다.

10) 꾸란은 살인, 도둑질, 기타 다른 범죄에 대해 가혹한 처벌을 규정하고 있다.

무슬림들에게 가장 큰 죄악은 부모 불복종, 우상숭배, 살인, 간통, 고

아재산 갈취, 고리대금업, 성전(聖戰)에서의 탈주 등이다. 꾸란은 부모에게 친절하도록 그리고 존경하며 부모님 말씀에 복종하도록 강조하고 있다. 특히 아들은 노부모와 형제자매를 부양할 책임이 있다.

11) 무슬림들은 전통적으로 어떤 형태를 조각하지 않는다.

생명체의 조각이나 예술적 표현은 오직 신만이 할 수 있는 일이라고 생각하기 때문이다.

이슬람법에서는 금기를 위반한 경우 가혹한 처벌을 규정하고는 있으나 이는 예방적 차원의 성격이 강하다. 이슬람국가에서는 실제로 범죄율이 매우 낮아서 안전을 크게 걱정하지 않을 정도이다.

장신구

〈부록〉

1. 사도 무함마드의 일생

사도 무함마드는 서기 570년경 메카 꾸라이쉬부족 하심가의 일원으로 유복자로 태어났으며, 6살 때 어머니가 시리아 대상의 상인이었던 남편의 메디나 성묘 후 귀가하다가 병을 얻어 사망하는 등 어린 시절에 불우한 환경을 보냈다. 그래서 친할아버지에 의해 양육되었다.

소년시절에는 사막에서 양치는 목동생활을 보냈다. 그의 이러한 고난 때문에 후에 약자, 과부, 여성에게 친절하고 고아에게 따뜻한 배려를 하도록 강조한 점은 충분히 이해되는 부분이다.

578년 조부마저 사망한 후 상인이었던 삼촌이 양육의 책임을 맡았다. 어린 시절의 상실감은 그를 묵상(默想)적이고 센스티브한 인물로 만들었다.

12세 때 삼촌 아부 딸립과 함께 당시 비잔틴 제국의 영토였던 시리아 대상(隊商)에 참가했고 그 삼촌의 보호를 받았다. 무함마드는 시리아 여행에서 새로운 문물을 접할 수 있었고, 유일신 종교인 유대교와 기독교 신자들의 종교 생활을 직접 목격하였으며, 그에겐 생소한 국가 생활도 경험하게 되었다.

불우한 환경에도 불구하고 그는 근면하고 정직하게 성장하였다. 그의 나이 20세 때, 카바 신전의 보수공사에 흑석을 끼어 넣는 문제로 부족 간의 갈등이 발생하였으나 당시 무함마드에게 중재를 의뢰하여 이 사태를 원만히 해결할 정도로 그는 아민, 즉 성실한 사람으로 불렸다.

　25세 때, 부유한 과부 상인이었던 카디자의 대상을 그녀를 대신하여 이끌게 되었다. 삼촌처럼 자신도 상인이 된 것이다. 이 대상에서 그가 큰 이익을 남겼을 뿐만 아니라 그의 인물 됨됨이에 반한 카디자는 무함마드에게 청혼하였고 두 사람은 결혼까지 하게 되었다. 무함마드는 물질적 빈곤에서 해방되었고 사색할 수 있는 여유를 갖게 되었다.

　당시는 우상숭배와 다신교가 유행 중이었고 메카의 지배계급인 꾸라이쉬 부족은 세력을 남용하고 독점무역의 폭리로 민중을 압박하고 사치와 부도덕한 생활을 하였다. 그리고 가난한 사람들의 위안이던 우상숭배 종교심을 악용, 순례자로부터 많은 참배료와 신탁료, 제물 등을 약탈하였고 상업적 이윤 추구 활동으로 인한 사회악이 만연하였으나 일반 주민을 지배하는 도덕적 규범과 관습은 여전히 유목민적이어서 갈등이 불가피하였으며 메카 사회를 어지럽히고 있었다.

천상의 무함마드

천사 가브리엘과 무함마드

40세 때 이러한 사회적, 종교적, 경제적 부정과 비리에 깊은 혐오와 회의를 갖고 산 속 동굴인 하라 동굴에 칩거하는 습관을 갖게 되었다.

히라 동굴은 계시 후 '빛의 산'으로 알려지게 되었으며 당시 황량하고 지형이 험한, 즉 접근하기 어려운 산이었다. 히라에서의 칩거는 그가 희생과 육체적 고난을 감수할 준비가 되어 있음을 암시하는 것이다.

히라는 오르기 힘든 곳이고 사도는 당시 그 곳을 자주 갈 만큼의 젊은이는 아니었다. 그는 이곳에서 명상에 잠기고 우주와 인간, 신의 섭리를 수도하였다. 무학(無學)의 경력이었으나 깊은 명상과 성찰로 스스로를 깨우쳐나갔다.

마침내 그 해 메카에서부터 선교활동에 나섰다. 이때가 서기 610년이다. 천사 가브리엘로부터 최초의 계시를 받은 것이다.

"만물을 창조하신 그대 주님의 이름으로 읽어라. 그분은 한 방울의 정액으로 인간을 창조하셨느니라. 읽어라. 그대의 주님은 가장 은혜로운 분으로 연필로 쓰는 것을 가르쳐 주셨으며 인간이 알지 못하는 것도 가르쳐 주셨느니라." (96:1~5절)

그러나 정치, 경제적 이유로 위협을 느낀 메카의 우상 숭배자들은 무함마드와 그의 추종자들(그들 외에 추종자들의 부인들과 해방된 노예들이 주축)을 박해하기 시작하여 당시 기독교국가로서 이슬람에 우호적이었던 에티오피아 등으로 신자 80여명이 도피하기도 하였으며 619년에는 숙부와 아내가 사망하는 등 무함마드는 큰 시련을 겪게 되었다.

서기 620년 천상여행을 시행하였는데 이것은 그가 메카의 알-하람 사원에서 예루살렘의 알-악사사원으로, 다시 그 사원에서 7개 층으로 된 하늘에 갔다 온 것이다. 이는 그에게 하나님의 예증을 보여 준 것을 의미하는 것이다.

　620년부터 시작된 메디나 주민들과의 아까바 맹약 등 비밀협상이 마무리되면서 마침내 서기 622년 7월에 무함마드와 그 일행은 무사히 메카에서 메디나로 이주하였으며 이를 기리어 이후 이슬람 원년으로 정하였다. 이 천도는 이제 무함마드가 설교자에서 부터 정치지도자, 국가지도자, 법률제정가로 변신한 것이며 이슬람역사상 대전환점으로 메디나로의 이주가 이슬람의 발전을 획기적으로 가져 오게 되었다.

　메디나 정착이후 무함마드와 그의 추종자들은 주로 메카 우상 숭배자들과 바드르, 우후드, 칸다꾸 전쟁 등을 치뤘으며 메디나에서는 무슬림과의 협력을 거부한 당시 경제 실권자들인 유대인들이 축출됐다.

　628년 메카 측과 알-후다이비야 휴전 협정을 체결하여 상호 인정하는 정치적 도약의 발판을 마련한 뒤 마침내 630년 메카를 무혈 입성한 무함마드는 카바 신전에 있던 우상들을 모두 파괴하고 카바를 이슬람의 중심지로 만들었다. 카바는 아브라함과 이스마일이 지었다고 전해진다(꾸란 제2장 127절).

　유목민들의 연합세력이 저항하기도 하였으나 631년 이슬람은 아라비아 부족들에 의해 그들의 종교로 받아들여졌고, 비신자들의 카바 신전 출입을 금지함으로써 아라비아에서의 우상숭배 종식을 선언하게 되었다.

632년 3월 사도 무함마드는 최후 고별 순례를 마치고 그해 6월 약 2주일간의 투병 끝에 운명하였다. 그의 나이 62세였다.

그가 운명하기 전인 632년 메카에서 최후의 순례를 마치면서 행한 그의 연설은 이슬람의 진수를 잘 보여주고 있다.

"나는 오늘 그대들을 위해 그대들의 신앙을 완성하였으며 나의 축복을 완전하게 하였다. 그리고 이슬람이 그대들의 종교로 선언함을 동의하였다.

하나님을 숭배하고 하루에 다섯 번의 기도를 행하며 라마단에 단식을 이행하고 카바와 메카를 순례할 것이며 자카트를 지불하고 내가 명한 것에 복종하라. 그러면 주님의 천국에 들어갈 것이다.... 그대들은 모두 아담의 자손들이며 아랍인과 비아랍인 간에, 그리고 백인과 흑인사이에 우위나 차별은 없다. 단 하나님에 대한 독실한 신심과 경건한 행위(아랍어로 따꾸와)로 인한 차이는 있다."

그는 평생 아내 카디자만을 사랑하고 일부일처를 지켰으나 카디자가 운명한 후에 10명의 여성과 결혼한 것으로 알려져 있다. 이는 당시 아랍관례에 따라 아내를 취하는 고대 습관, 전쟁으로 미망인이 증가하고 그녀들을 보호할 필요성, 경제적 이유, 결속을 위한 유대 관계 등으로 불가피하게 여러 명의 부인을 취하게 되었다. 또한 부인들 간에 의식주를 공동으로 분배하는 등의 까다로운 조건이 뒤따라야 했다. 서구에서 주장하는 쾌락주의자가 아니라는 증거가 많다고 무슬림들은 주장한다.

2. 이슬람의 5주와 6신

이슬람의 신조는 5주(柱)와 6신(信) 그리고 덕행(德行)을 말한다.

이슬람의 성전인 꾸란의 가르침에 따라 모든 이슬람교 신자, 즉 무슬림이 지켜야 되는 의무로써 여섯 가지 기본적인 믿음을 단련하기 위해서 다섯 가지 수신(기둥)이 필요하며, 선행을 실천해야 한다. 따라서 무슬림의 의식 형성과 행동에 지대한 영향을 끼치고 있기 때문에 그 내용을 반드시 알아야 한다.

1) 5주 (또는 5행)

신자는 어떻게 신에 복종할 수 있는가? 신의 명령은 무엇인가?

무슬림들에게 제일 중요한 꾸란과 무함마드의 가르침에는 인간이 해야 할 일과 해서는 안 될 일이 있다. 그 가운데에서도 인간이 의무적으로 해야 할 다섯 가지 행동이 제일 중요하다. 이것이 이슬람의 다섯 가지 기둥이다. 즉, 믿음의 집을 받혀 주는 기둥이 필요하며, 믿음의 실행을 중요시한다.

이슬람의 종교적 믿음과 사회적 행동체계에 관한 하나님의 메시지가 가장 잘 나타나는 오행은 메카의 아라파트에서 사도 무함마드가 운명하기 전에 행한 마지막 그 유명한 연설에서 강조된 내용이다.

(1) 신앙 고백

두 구절로 구성되어 있는 첫 번째 의무이다. 즉, '라일라 일랄라 무함마드 라수룰라(알라 이외에 신은 없고 무함마드는 알라의 사도임을 증언한다)' 이다.

무슬림이 예배 때는 물론 일상생활 중에 가장 빈번히 사용하는 말로써 신앙의 내적, 정신적 측면을 가리키는 이슬람 신자의 신앙 고백이다. 즉 하나님의 유일성과 하나님의 사도에게 계시된 메시지의 진실성을 확신하는 믿음의 기본적 선언이다. 이 두 구절만 믿고 공언하면 명목상으로는 누구나 무슬림이 된다.

그러나 알라와 함께 다른 동반 신을 두거나 무함마드가 알라의 사도임을 부정하는 무슬림은 더 이상 무슬림이 아니며 배신자이다. 배신자는 죽음이라는 벌을 면키 어렵다.

이슬람 신학에서는 유일신인 알라와 그의 사도를 믿고 유일신 알라의 메시지 내용을 믿는 것을 믿음(아랍어로 이만)으로 해석한다.

(2) 예배

이슬람의 두 번째 기둥이며 절대자인 하나님에 대한 감사의 표현으로 하루에 다섯 번, 정해진 시간에 행하는 무슬림의 기본 의무이다.

"온전하게 기도하라. 믿는 자들은 정해진 시간에 기도를 올릴 것이니"(4:103)

예배는 가장 이슬람적인 특징을 보여주는 핵심적 기둥이다. 그 어떤 무슬림의 의무 중에서 하나님에 복종하는 신자의 신앙심이 바로 나타날 수 있고, 지위고하나 빈부를 고려하지 않는 이슬람의 평등성을 잘 보여 줄 수 있는 것이기 때문이다.

예배에 관한 구체적인 사항은 하디스에 언급되어 있다.

이슬람이 처음으로 충만한 세상에 들어가게 되었던 영광의 기억을 잊지 않기 위해서 일정한 시간에 세계의 모든 무슬림들이 카바를 향해 꾸란을 낭송하며 기도한다.

이 지구상에서 가장 성스러운 장소인 메카를 향한다는 것은 하나의 사회적, 정신적 초점을 제공함으로써 무슬림들 사이에 일체감을 조성한다.

기도 시간은 동이 트기 전, 정오 조금 지나서, 정오와 땅거미 질 때의 중간쯤, 땅거미 질 때, 밤중 취침 전 등 하루에 다섯 번이며, 예배를 하면 하나님과의 관계를 깨닫게 하고 세상사를 잊게 해 준다.

무슬림은 기도하기 전에 얼굴, 손, 발을 씻고 머리를 쓰다듬어야 한다. 이 같은 세정의식은 손발을 악마로부터 상징적으로 깨끗이 한다는 것을 의미하는 것이다.

카톨릭에서는 미사에 참례하기 전에 마음의 정화를 위하여 고해성사를 갖도록 권하고 있다. 이슬람에서도 기도 전에 꾸란을 낭송하며 사탄으로부터 보호해 주시도록 간구하는 자세가 바로 마음의 정화를 위해서다. 아울러 위에서처럼 몸을 깨끗한 물로 씻어 정결케 하는 것은 육체의 정화를 특히 강조하는 것이다.

무슬림은 혼자 그가 원하는 장소에서 기도한다. 몸의 자세를 여러 가지 형태로 바꾸는 것이 특징이지만 신자는 하나님에 대한 찬미의 기도를 낭송한다. 그러나 사원에서의 기도가 권장되며 메카 방향을 가리키는 미흐랍, 즉 벽감을 바라보아야 한다.

사회적 측면은 물론 영적인 측면에서도 더 가치가 있다고 생각되기 때문에 기도는 혼자보다 공동으로 드리는 것이 권장된다. 기독교 교회처럼 크고 작은 모스크가 산재해 있다.

사원에서 기도하는 것이 여의치 못한 경우에는 깨끗한 장소라면 괜찮다. 사막의 모래나 들판, 방이나 사무실 모퉁이도 무방하다.

여성은 집에서 기도하도록 권장되는데 이는 성차별이 아니라 사회 관습과 전통에 의한 것으로 보는 것이 좋다. 무슬림들은 10살이 넘으면 기도하도록 권유를 받으며, 6살에서 7살이 되면 기도하는 방법을 배우게 된다.

사도 무함마드 시대 초기, 메디나에서는 기도 방향이 기독교와 유대교의 성지이기도 한 예루살렘이었으나 후에 메카로 바뀌었다.

2명 이상의 신자들이 기도를 할 경우, 독실한 신자가 전면에 나서야 하며 그가 예배를 이끈다. 그를 이맘(Imam)이라고 부른다. 무함마드 시대에 이맘은 보통 무함마드 자신이었지만 그가 운명한 후 그 지역 지도자가 그 책임을 맡았다. 현재 이맘은 일반적으로 사원에서 고용된 사람이다.

기도 중에 꾸란 구절이 낭송되며 특히 7절로 된 꾸란의 개경장은 반드시 언급되어야 한다.

　기독교의 주일 미사나 예배에 해당되는 것으로 무슬림이 금요일 집단 예배에 참가하는 것은 모든 성인 무슬림의 의무이며, 보통 날의 예배와는 달리 설교나 강론이 추가된다.

　"믿는 사람들이여! 금요일 예배의 아잔이 들릴 때면 서둘러 하
　나님을 염원하고 거래를 그만두리니. 너희가 알고 있다면 그것
　이 너희를 위해 복이 되리라"(62:9)

　따라서 예배를 근행하기 위해 예배시의 상거래 행위 따위를 멈추어야 한다.

　사우디아라비아나 리비아 등지에서는 종교경찰이 소리치며 가게를 일시 중단하도록 독려하는 장면을 쉽게 목격할 수 있다.

　금요일 집단 예배는 유목민적이고 자유방임적인 아랍 부족에게 하루에 다섯 번씩 허리를 굽히고 무릎을 꿇으며 이마를 땅에 대는 의식을 통해 절제 있는 질서 의식의 확립에 공헌하며, 혈연적인 연대 의식을 대체하여 교우간의 형제애를 함양하고, 교우간의 평등사상을 고취하는 기초 훈련으로, 다음과 같은 중요성을 갖는다.

　첫째, 무슬림 간 사랑과 상호 이해관계를 조성한다.(공동체 의식 발
　　로, 동포애 공고)
　둘째, 깊은 형제애를 깨닫게 한다.

셋째, 예배는 평등의 상징임을 보여준다.

넷째, 강한 규율 의식을 깨닫게 하고 선출된 지도자를 따르도록 가르친다.

다섯째, 개인 생활과 단체 생활의 발전을 가능케 한다.

(3) 단식

일체의 인간의 본능을 억제하는 금욕 생활이다. 즉 무슬림의 자제력을 키우고 알라의 계명에 무조건 복종하는 수련이다.

"믿는 자들이여! 너희 조상들에게 명했듯이 너희들에게도 단식을 명하노라. 그대들은 이를 공경할지어다. 정하여진 날에 단식을 하면 되나 병중에 있거나 여행 중에 있을 때는 다른 날로 대용하되 불쌍한 자를 배불리게 하여 속죄를 할지라. 그러나 스스로 지킬 경우는 더 많은 보상이 있으며 단식을 행함은 너희들에게 더욱 좋으니라. 실로 너희들은 알지니라. 인류의 복음인 꾸란과 그 복음의 설명과 기준이 내려진 라마단 달이거늘 단식을 실천하라 하셨도다. ...... 하나님은 너희들로 하여금 편의를 원하시니 너희들께 복음을 주신 하나님을 경배하며 감사를 드릴지어다"(2:183~5)

무슬림은 이슬람력 9월인 라마단 달에 흰 실과 검은 실이 구분되는 새벽 즉 해뜰 때부터 해질 때까지 먹거나 마실 수 없고 흡연과 성 관계

라마단 음식

도 가질 수 없다. 그러나 불우 이웃을 돕는 자선의 달이기도 한 라마단 기간 중 아프거나 여행을 떠나는 무슬림은 적당한 시간까지 단식을 연기할 수 있다. 성장기의 어린이, 임산부, 유모, 근무 중인 군인, 고질병을 앓는 무슬림은 단식이 면제된다.

무슬림들에게 라마단은 이 때 꾸란이 처음으로 무함마드에게 계시되었고, 전통적으로 신성한 달로 간주되어 왔으며, 무슬림이 메카에서 메디나로 천도한 후 메카 우상 숭배자들과의 첫 번째 전투에서 승리한 달이며, 이슬람의 완성인 메카 정복이 이뤄진 소중하고 뜻 있는 달로서 대부분의 시간을 기도에 할애하고 꾸란을 낭송하는 특별히 성스러운 시기이다.

단식은 라마단 달의 새로운 달이 나타난 후 그 날 해가 뜰 때부터 시작된다. 그래서 나라마다 지역마다 라마단의 시작이 하루 이틀정도 차이가 나기도 한다. 나라마다 달을 관측하는 전문가가 있다. 새로 뜨는 달을 보고 단식의 시작을 방송으로 알리며 몇몇 나라에서는 대포를 발사해 단식 시작을 전하기도 한다.

기도와 단식은 거의 모든 종교에 있는 현상으로 유태인들도 단식과 기도를 병행하였고 초대 기독교 교회에서도 그를 실천하였다고 한다. 기독교 성경에도 40일 간 예수가 단식한 기록으로 보아 셈족의 신앙에는 단식이 일찍부터 신앙생활에 중요한 몫을 차지한 것 같다.

하여간 기독교와 유대교 등에도 종교행사의 하나로 단식하는 전통이 있다. 믿음은 달라도 단식에선 서로 통한다고 한다.

혹독한 고통을 자발적으로 행하는 이유는 다음과 같다.

첫째, 하나님의 존재를 믿고 경외하며 최후 심판의 날을 두려워하기 때문이다.

둘째, 인간의 열정과 욕망을 억제시킨다.

셋째, 의무감과 인내심을 일깨워 가르쳐 준다.

넷째, 신심을 굳게 한다.

다섯째, 계급과 관계없이 다같이 단식함으로서 인간이 모두 동일하다는 인식을 갖게 하고 사랑과 형제애가 생기도록 한다.

여섯째, 건강에 도움을 준다.

하디스에도 단식하면 건강해진다는 구절이 있다. 라마단이 끝나면 축제가 시작된다. 이 때 무슬림들은 그 축제를 함께 즐길 수 있도록 가난한 사람들을 위하여 특별 자카트를 내도록 요구되고 있다. 이슬람의 1년은 대략 354일이기 때문에 라마단도 매년 약 11일정도 앞당겨지고 있다.

(4) 자카트

'종교세' 또는 '헌금' 이라는 말로 쓰인다. 모든 무슬림은 가난한 사람들을 위하여 자신의 수입이나 재산의 일부를 지출해야 한다. 자카트는 이슬람의 기본적인 동정 또는 자비를 반영하고 있다.

사도 무함마드는 '이웃이 자신의 곁에서 배고파하는데 혼자서 배불리 먹는 사람은 무슬림이 아니라' 라고 말했다. 무슬림은 돈이건, 물품이건 심지어 자녀까지도 모두 하나님에게 귀속된다고 믿고 있다.

> "기도를 드리고 자선을 행할지니, 너희들 스스로를 위해 자선
> 을 베푸는 자, 알라께서 그들을 보상하시니라. 알라는 너희들이
> 행하는 모든 일을 알고 계심이라"(2:110)

자카트라는 말은 꾸란 5장 12절에 처음 등장하나 고대 셈족(유대교의 십일조 관습)과 남부 아라비아족 (신에게 십일조를 바친 후 향료를 시장에 내다 팜)의 관습에서 유래한 것이다.

사도 무함마드도 처음에는 이슬람 신자가 아닌 유대교도에게 자카트의 지불을 요구했었다.

이슬람 국가에서는 자카트가 개인 자산, 농산물, 상품 등에 부과하는 정규 세금으로 발전하였다(꾸란 2장 43절, 83절, 196절, 261-7절, 280절 등 참조). 즉, 소득의 2.5%에 해당하는 이 종교세는 관리들이 징수하여 사원의 건축, 빈민구제, 공공사업 추진 등에 사용하였다.

현대 대부분의 이슬람 국가에서는 자발적으로 양심에 따라 종교세를 사원에 납부하는 추세이다. 돈이 많고 신앙심이 돈독한 대다수 무슬림들은 배고픈 이들에게 추가로 선물을 주거나 증여하며 병자를 치료하고 젊은이들을 교육시키고, 여행자에게 쉴 곳을 제공한다. 다수의 사원과 병원들이 '와끄프(waqf)'라고 하는 일종의 기부금으로 설립되어 운영되고 있다.

순수한 헌금은 '사다까(sadaqah)'(자카트에 비해 자발적인 희사를 의미한다.)라고 하며, 자카트는 이슬람법이 정하는 이슬람 신자의 의무로써 정해진 희사이다. 희사금의 중요성은 희생정신을 길러주고 이기심을 버리게 하여 주는 것으로 구두쇠와는 거리가 멀다.

이슬람의 네 번째 기둥의 본질은 나눔의 정신이다.

(5) 순례

다섯 번째 기둥으로서 하나님의 절정의 계시가 처음으로 나타난 곳인 메카에 가서 신앙심을 높이고 그의 의지를 나타내기 위한 것으로 이슬람력 12월 8일부터 12일까지 5일간 계속된다. 일생에 한번 이상 반드시 순례를 마쳐야 한다. 이 기간 중에는 손톱과 발톱 그리고 면도를 하지 않으며 '이흐람'이라고 불리는 바느질하지 않는 흰 천 두 장을 두르고 메카 주변의 성지를 순례한 다음 메카에 돌아와 카바를 도는 것으로 순례는 끝난다.

"카바에는 아브라함의 발자국이 있나니, 무릇 능력이 있는 자

카바사원

는 그곳으로 순례를 행할지니라"(3:97)

순례는 이슬람 이전의 아랍 관습
중에서 이슬람에 가장 많이 수용된
것이며 이 때문에 일신론적 측면에
서 자매종교인 유대교와 기독교로
부터 크게 구분 된다.

카바를 순회하고 검은 돌에 입맞
춤 하는 것, 사파와 마르와 언덕을 7
회 달리는 것, 아랍인의 조상으로 알
려진 이스마일이 발견하였다는 성

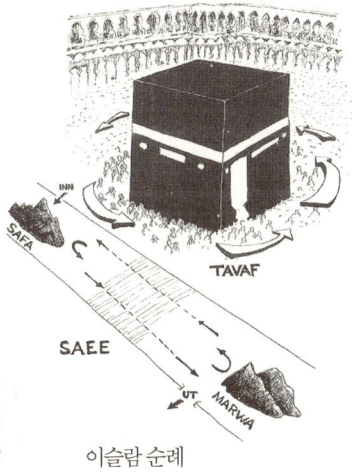

이슬람 순례

스러운 잠잠 샘물을 마시고 미나 근처에서의 악마에 대한 투석 행위, 양이나 낙타, 염소 등의 제물 봉헌, 아라파트 평원에서의 집회 등은 그대로 답습되어 이슬람화 되었는데 모든 성인 무슬림들이 평생 적어도 한번은 머리를 깎고 바느질하지 않은 다른 사람과 똑같은 옷으로 몸에 두르고 순례를 수행해야 한다.

어떤 것들은 우상숭배 의식으로 시작했지만 무함마드가 일신교적으로 재해석하였다. 따라서 무슬림들은 아브라함과 이스마일이 검은 돌을 발견하여 그 주변에 카바 신전을 건립하였다고 믿고 있다.

사파와 마르와를 7회 달리는 것은 아브라함이 그의 텐트에서 하갈과 그의 아들 이스마일을 추방한 후 필사적으로 물을 찾았던 것을 회상하는 것이라고 한다.

순례 때 양의 제물 봉헌은 아브라함이 하나님의 계율에 이스마일을 묶은 것을 기념하는 것이다. 봉헌하는 날이 순례의 절정이며 전 세계 무슬림들의 축제날이기도 하다.

카바가 아라비아의 수많은 부족들의 순례지가 된 이유는 메카 주변의 아랍 부족들이 그들의 우상을 부족 이동시마다 가지고 다니기가 불편하여 카바 신전에 점차적으로 안치시켰기 때문이다. 즉, 카바는 아랍 부족의 신상을 모시는 민족적인 범 신전의 성격을 띠게 되면서 순례지가 되었던 것이다.

순례 의식은 역사적으로 근본에 있어 모두가 하나임을 깨우쳐 주기 위하여 무슬림들 간에 인종적, 언어적, 정치적 장벽들을 부수고 이들을 하나로 묶어 왔는데 그 외에 순례의 의의를 열거하면 다음과 같다.

첫째, 순례 기간 중 이슬람의 국제주의와 무슬림의 만민 평등사상을 고취시킴으로서 무슬림 사회의 연대 의식과 무슬림 간의 형제 애를 강화한다.

둘째, 새로운 종파 교리와 학파의 사상을 교류한다.

위에 언급한 다섯 가지 기둥이 모든 무슬림들의 의무를 모두 포함하지는 않는다. 그밖에도 여러 가지 가르침이 있다. 여기서는 논란이 되고 있는 지하드, 즉 성전에 대해 언급하고자 한다.

메디나의 이슬람 공동체의 자기 보전의 필요에서 성전 개념이 도입되었다. 그 유래를 살펴보면 다음과 같다.

첫째, 아랍 부족의 관습으로 약탈은 오늘날의 사회통념과는 다른 아랍의 전통적 생활 관습이었다.

둘째, 서기 622년 메디나로 이주한 무함마드와 그의 추종자들의 처지에서 구체적으로 찾을 수 있다. 메카는 상업 도시였던 반면 메디나는 농업 도시였다. 메카에서 메디나로 이주한 사람들은 생계를 해결하기 위해 메카 우상 숭배자들과 싸움을 벌여야만 했다.

꾸란 5장 35절 (또는 8장 72절, 16장 110절)에서 "모든 무슬림은 하나님의 길에 나가서 애쓰라"라는 구절이 있다.(애쓰라는 아랍어 동사에서 애씀이나 노력이라는 명사인 지하드가 파생됐다.)

셋째, 점차적으로 지하드는 이교도와의 전쟁에 사용되어 (이슬람

세계의 확대 또는 방위를 위한 싸움을 의미) 아랍 부족의 통일을 꾀하였다. 무함마드 사후에는 정복 사업에 활력소로 등장하였다.

이슬람 이전의 아랍 부족 사회에 오래 전부터 있었던 약탈이라는 독특한 관습이 이슬람 공동체에 도입된 것을 보여주는 계시는 꾸란 2장 190-195절이다. 약탈 관습이 원래 그대로가 아니라 종래와 전혀 다른 것으로 채택되었다. 즉, 이슬람 신자가 비 이슬람 신자를 대상으로 하는 성전이라는 종교적 의미를 갖게 된다. 중국의 이슬람 신자가 이를 성전(聖戰)으로 번역했으나 그 원래의 뜻은 '신의 길에서 노력하는 것'이다.

이슬람법에 따르면 세계는 이슬람의 주권이 확립된 이슬람 세계와 아직 그 주권이 확립되지 않은 세계로 정의되고 여기서 이슬람의 주권이 확립될 때까지 성스러운 싸움이 필요하게 된다.

2) 6신
모든 무슬림들은 여섯 가지 믿음을 단련해야 한다.

첫째, 하나님 (알라)
하나님 외에 또 다른 신은 없고 자식도 두지 않으며 하나님을 제한하는 어떤 인간적 속성도 가지고 있지 않다는 것을 믿어야 한다. 절대신 알라의 유일성을 강조하며 유일한 경배의 대상인 것이다. 동반 신을 두는 것은 용서할 수 없는 대죄이다.

무슬림은 하나님이 꾸란을 통해서 모든 인간을 대신하여 무함마드에게 마지막으로 자신을 계시하였다는 것을 믿는 사람이다.

참고로 알라 또는 하나님, 신이라고 해야지 알라신이라고 써서는 안 된다. 이슬람에서는 신 또는 하나님을 알라라고 부르기 때문이다.

무슬림은 절대자인 신의 뜻에 무조건 순종해야 한다.(꾸란 2장 163절, 4장 171절, 112장 3∼4절, 142장 11절 참조)

꾸란 (4장 171절 참조)에서는 3위일체의 신을 부정하고, 유대 민족의 민족적 유일성을 부정하며, 아랍의 꾸레이쉬 부족들의 세 여신이 알라의 딸이라는 주장을 비난함으로서 다신교를 부정하고 있다.

하나님은 전지전능하며 인류를 창조하였을 뿐만 아니라 천지간의 모든 것을 인류의 소용으로 제공하셨다.

둘째, 사도 무함마드

꾸란에 언급된 예언자들의 이름은 모두 28명이다. 이들 모두가 동등한 지위를 갖고 있으나 무함마드가 알라의 사도이며 최후의 예언자라 하여 마지막임을 강조한다.(꾸란 33장 40∼41절 참조).

꾸란은 구약성서의 예언자들 가운데서 아담, 노아, 아브라함, 이삭, 요셉, 요나, 엘리자 등을 예언자로 받아들였으나 아모스에 대해서는 언급이 없다. 특히 아브라함은 무함마드의 이상적인 선구자로 간주된다.

메카에 있는 대성원인 카바의 창건자(꾸란 14장 참조)로 아브라함이 높이 평가되고 있다.

신약성서의 예언자와 사도들 중에서 자카리야, 요한, 마리아, 예수

등이 꾸란에 등장하나 바울은 불분명하다.

꾸란에서 예수는 무함마드의 선구자로 묘사되고 있다. 그러나 예수가 십자가에 못 박힌 것은 인정하지 않으며 마리아가 처녀의 몸으로 예수를 잉태한 것은 기적으로 인정하고 있다.

꾸란에서 중요한 예언자로서는 아브라함, 모세, 예수와 무함마드이나, 무함마드가 최후의 예언자이며 꾸란은 최종의 계시라는 사실을 강조함으로써 다른 예언자나 사도보다 무함마드를 더욱 높이고 있다.

그러나 무엇보다도 중요한 것은 무함마드는 오직 신의 말씀을 전달하도록 신탁 받은 한 인간에 지나지 않음을 강조한다는 것이다.

무함마드는 꾸란에서 예언자, 사도, 경고자 등 여러 가지로 호칭되고 있으며 그 중요성을 말하는 것이라고 볼 수 있다.

셋째, 꾸란

꾸란은 알라의 책으로 그의 사도 무함마드와 무슬림들에게 내려졌다. 알라가 지상의 백성에게 내린 경전은 모세의 5경, 다윗의 시편, 예수의 신약성서, 무함마드의 꾸란 등이다.

상기 4권의 성서는 모두 계전의 백성에게 내린 하나님의 말씀으로 믿으며 본래는 같은 내용으로 간주한다.

그러나 무함마드의 꾸란을 제외한 3권은 그 추종자들에 의해 수정, 삭제, 가필되었다고 보고 오직 꾸란만이 순수한 하나님의 말씀으로 생각한다. 예를 들어 유대인들이 자신들을 하나님의 선택된 민족으로 묘사하기 위하여 성전의 일부를 바꾸었고 기독교인들이 나자렛의 예수의

꾸란

신성을 증명하기 위하여 복음서를 다시 썼다고 무슬림들은 믿고 있다.

즉, 꾸란이 하나님의 최종적이고 가장 완벽한 말씀을 수록하고 있다는 믿음을 가져야 한다. 꾸란이 최종의 계시로써 무함마드에게 전해진 모든 계시, 즉 태초의 말씀이 빠짐없이 이 성전 속에 복사되어 있다는 것이다.

꾸란은 하나님이 원하는 인간의 행위에 대해 말하는 하나님 의지의 계시로 모두 114장으로 구성되어 있다. 다시 말하면 하나님을 기쁘게 하도록 인간이 해야 할 것과 그들이 최후 심판의 날에 어떻게 심판을 받는 가를 언급한 성전이다. 신약성서와 비슷한 분량이라고 한다.

꾸란은 이슬람의 기본서이며 인간의 기본지침서로서, 무슬림은 물론 비 무슬림에게도 통용된다. 무함마드가 40세 때 라마단월 17일부터 63세 때 라마단월 17일까지 약 22년 1개월 22일간에 걸쳐 받은 계시를 제1대 정통 칼리파인 아부 바크르, 제2대인 오마르 이븐 카탑을 거쳐 제 3대인 우스만에 의해 기록으로 완성한 것이다.

무함마드와 무슬림들이 메디나로 이주한 이후에 뒤늦게 내려진 장들은 메디나 장이라고 부른다. 그러나 무함마드와 무슬림들이 메카에 있을 때 내려진 대부분의 짧은 장들은 그래서 메카 장이라고 부른다.

꾸란은 아랍어 문법 체계화의 모델은 물론 표준 아랍어의 최상의 문체 모델이다.

꾸란은 모두 114장 6342절로 되어 있고 이 가운데 500절은 실체법으로서 사회생활에 관한 계율이며, 나머지 5842절은 신앙에 관한 예식 규율과 도덕에 대해 사실적 또는 상징적으로 기술되어 있다.

현재 한국어는 물론 영어, 불어, 중국어 등 여러 나라의 언어로 번역되어 있으나 꾸란이라 부르지 않으며 꾸란 해설서(아랍어로 'tafsir')라고 부른다. 아랍어로 계시된 하나님의 말씀을 인간이 그 의미를 정확히 옮길 수 없기 때문이다. 번역은 불경스러운 행위이지만 불가피한 번역을 할 경우, 반드시 아랍어본을 병기해야 한다.

넷째, 천사

하나님은 꾸란을 사도 무함마드에게 직접 계시하지 않았다. 가브리엘 천사를 보낸 것이다. 따라서 천사들은 하나님의 전령으로, 인간처럼 하나님에 의해 창조되었다.

천사는 빛으로 만들어졌으며, 죽지 않으며, 성(性)이 없고, 그 기능은 알라와 인간을 연결하는데 있다고 한다. 따라서 인간의 행동을 기록하며 또 계시를 예언자에게 전달하는 것이다.

천사들 중에서 대표는 하나님의 계시를 무함마드에게 전달해 준 가브리엘 대천사를 꼽을 수 있다 (꾸란 2장 97절).

천사는 '알라의 사자' 또는 '알라의 대리자' 로 불리며, '성스러운 영혼' (꾸란 16장 102절), '충실한 영혼' (꾸란 26장 193절)으로도 부르고 있다. 가브리엘을 수장으로 천사들은 위계 층을 이루고 있다 한다.

신과 인간의 중간에 자연적인 존재가 인정되고 있는데 신의 명령에 충실히 따르며 각종 역할을 다하는 존재로는 천사와 진 그리고 사탄이 있다. 진은 요정 또는 눈에 보이지 않지만 지성을 가진 혼령으로 불로 만들어졌다. 인간과 같이 구원 또는 저주를 받는 존재이다.

사탄(악마)은 천사와는 반대되는 개념으로써 꾸란에서는 '이블리스' 라는 이름을 갖고 있는 데 그는 아담에게 숭배하라는 하나님의 명령을 비웃었다.

특정 악마의 이름이라기보다는 악을 상징하는 악마 전체를 의미하고 있다.

다섯째, 최후 심판의 날

이슬람의 내세관을 보여주는 것으로 인간의 육체는 죽음으로 다시 땅으로 돌아가나 영혼은 하나님이 데리고 가신다. 최후의 날에 영원한 보상과 또는 그 반대의 응징을 심판한다는 것이다(꾸란 제2장 29절, 39장 43절). 이는 절대신인 알라를 경외하고 신자 개개인의 이승에서의 책임의식을 강조한 것이라고 본다.

심판의 날은 그 성격에 따라 보상의 날, 분노의 날, 결정의 날, 만남의 날, 부활의 날, 또는 집합의 날이라고도 한다.

하나님에 의해서 창조된 만물은 최후 심판의 날에 모두 죽게 되며 이미 죽은 자들과 함께 하나님에 의해 그들이 행한 것에 대하여 심판을 받게 되며, 종말로부터 내세가 시작된다고 한다. 그리고 최후의 심판 없이는 내세가 시작되지 않으며 최후의 심판은 갑자기 시작되기 때문에 하나님 혼자만이 그 때를 알 수 있다.

심판이 끝나면 판결에 따라 천국이나 지옥으로 가게 되는데, 믿고 선행을 행한 자들은 천국으로 가게 되며 그렇지 못하면 지옥으로 보내진다. 지옥의 형벌은 인간을 불로 태우기도 하며, 끔찍하다.

세계는 무에서 신의 창조로 시작되고 신에 의해 종말이 되는데 인간은 하나님의 앞에 서게 됨으로 어떠한 부나 권력도 최후의 심판 일에는 아무 소용도 없다는 경고에서 최후 심판 일의 의의를 찾을 수 있다고 보며 따라서 이승에서 누가 보지 않더라도 선행을 쌓아야 하는 것이다.

여섯째, 정명

내세와 인간의 운명은 정해져 있다는 정명에 대한 믿음 즉, 우주의 모든 일이 알라의 의지이며, 인간의 운명은 알라가 지배한다는 대명(大命)을 믿는 것이다. 또한 모든 만물의 움직임과 정지, 변화, 발전 등은 신의 섭리 즉 그의 계획이며 뜻이라는 것이 정명이다.(꾸란 36장 12절, 39장 70절 참조) 이것은 잠시도 인간의 곁을 떠나지 않고 지켜보고 있는 절대자의 완전성에서 유래한 것이다.

정명에 대해서는 각 종파에 따라 약간의 차이는 있으나 세계 무슬림의 80% 이상을 차지하고 있는 순니파를 비롯하여 여러 종파가 이를 따르고 있다.

위에서 언급한 바와 같이 사후 세계에서 모든 인간의 영혼은 최후의 심판을 받아 천국과 지옥으로 나뉘어 상벌을 받게 된다.(꾸란 22장 5-7절, 36장 12절, 39장 70절 참조)

상기처럼 신에 의해서 창조된 만물은 종말시 신에 의해 심판을 받게 되며 종말로부터 내세가 시작된다고 본다. 그리고 최후의 심판 없이는 내세가 시작되지 않으며 최후 심판은 돌연히 시작되기 때문에 신만이 그 때를 알 수 있다는 것을 받아들여야 한다.

대상인 계급의 박해에 고통을 받았던 당시의 이슬람 신자들은 최후 심판 일에 희망을 걸고 그들의 신앙을 지켰다고 한다.

최후 심판 일의 의미는 현세에서 쌓은 부나 권력도 심판의 날에는 아무 소용도 없기 때문에 이승에서 누가 보지 않아도 선행을 쌓아야 한다는 것은 이미 위에서 언급한 바 있다.

유대교나 기독교에서는 교리를 발전시켜 인간의 의지가 신의 의지보다 더 결정적 역할을 한다는 교리가 전개되지만 꾸란은 그렇지 않다.

사도의 생존 시, 두 교리의 영향으로 꾸란의 천명관이 확립된 것으로 간주되고 있다.

3. 이슬람 율법 샤리아

3.1 샤리아의 정의

이슬람법(法)을 아랍어로 '샤리아' 라고 한다. 아랍어로 샤리아는 '올바른 길' 이라는 의미를 갖고 있다. 이슬람법 상의 전문용어로는 사도 무함마드에게 전달된 알라의 계시로써 바로 인간이 반드시 준수해야 할 길 즉, 이슬람의 규범이며 현세는 물론 내세에도 적용되는 모든 규율을 뜻한다.

이슬람은 신앙의 고백으로 시작되지만(즉 신앙의 고백으로 누구나 무슬림이 된다.) 이슬람에는 무슬림이 하는 것과 무슬림이 해서는 안되는 것이 상세히 규정되어 있다.

최후 심판의 날을 두려워하는 사람은 하나님을 기쁘게 하고 조화로운 사회를 유지시킬 행동규칙을 알고 따르고 싶어 한다. 이러한 규칙들이 샤리아라는 법률로서 주의 깊게 편찬되고 구체화되었다. 이것은 유대사회의 탈무드와 비슷하다는 주장이 있다.

샤리아는 대신(對神)관계와(5주와 지하드가 해당된다) 대인(對人)관계 등 인간의 모든 행동을 평가하려고 노력하며, 다섯 가지 기준으로 분류하고 있다. 즉, 모든 인간의 행위는 어느 한 가지라도 반드시 아래에 해당된다.

첫째 : 인간이 반드시 해야 할 것. 공동체 전체이건 사회 구성원 개개인이건 의무사항으로, 이행하면 천국에서 보상을 받고 무시하면 처벌을 받는다. 아랍어로는 "와집"이라 한다.

둘째 : 어떤 일을 하는 것이 좋은 것. 가치가 있는 것으로 이행을 권고한다. 하지만 이행하면 보상을 받으나 생략해도 처벌은 없다. 아랍어로 "만둡"이라 한다.

셋째 : 해도 좋고 안 해도 괜찮은 것. 법적으로 중용을 취한다. 보상도 없고 처벌도 없다. 불문행위라고 보면 된다. 아랍어로 "무바흐"라고 한다.

넷째 : 하지 않는 것이 좋은 것. 일반적으로 혐오되는 것이다. 찬성하지는 않으나 금지되지 않는 행동으로 하지 않는 것이 권장되나 처벌을 받지도 않는다. 아랍어로 "마크루"라고 한다.

다섯째 : 금지된 것. 이행하면 처벌받는 행위를 말한다. 아랍어로 "하람"이라 한다.

위에 언급한 내용으로 보아 이것은 이슬람의 윤리관을 명백히 보여주는 것이라 할 수 있다.

상법과 형법 이외에도 샤리아는 결혼과 이혼에 관한 규정, 어린이 부양, 기타 대인관계, 재산, 음식 및 의상, 위생, 예배 등에 관한 규칙들을 포함하고 있다. 다시 말해서 이슬람 율법은 실체법과 절차법을 다 같이 다루고 있다.

실체법에서는 하나님의 의지, 선악, 허락과 금지 그리고 반드시 의무를 이행해야 할 것을 단순히 서술하고 있다.

절차법에선 법의 외부적인 면, 실체법이 법적으로 공식화되는 것, 이슬람 법학에서 특별히 다루는 것 등 종교상의 현실적 규정에 대한 지식을 망라한다. 예를 들면 종교적 의무와 관련된 법 규정과 사회관계 내의 여러 법 규정(결혼, 이혼, 상거래, 재판관계, 비신자 관련 사항, 비 이슬람 국가와의 전쟁과 평화, 이슬람국가 재정, 물질적 관계, 형벌관계, 이슬람국가 내 통치원리, 국민의 권리와 의무 등)을 다룬다.

3.2 샤리아의 형성

초기의 무슬림들은 선악 개념과 상업, 재산권 사용 등에 사회관습 규범을 따랐다.

그러나 무함마드의 사명이 확대되고 강화되면서 꾸란과 무함마드의 가르침과 실천(무슬림들이 이후에 순나라고 부름)을 근거로 삼게 되었다. 즉 꾸란과 순나가 자녀교육과 새로이 이슬람으로 개종한 신자들의 지침으로 이용되었다.

확대되는 아랍의 정복사업으로 로마의 법 개념과 제도 및 페르시아법을 수용하지 않을 수 없었고 이슬람법은 모든 무슬림들이 받아들일 수 있도록 명확하고 동일한 표준으로 체계화돼야 함을 지도자들이 인식하게 되었다.

그리하여 서기 8세기 압바스 가문에서 권력을 잡게 되었을 때 무슬림들은 꾸란의 의미와 무함마드의 생애와 언행을 연구하기 시작하였다. 따라서 이슬람 법학을 아랍어로 피끄흐(fiqh)라고 하는 학문이 태동하였다.

이슬람 역사학자들은 고대 법 제도에서 많은 것을 샤리아에 도입했다고 주장하나 (고대 로마인이 발전시킨 법리학을 체계화한 사람이 중세 때의 무슬림학자 샤피이라고 함) 무슬림들은 이슬람 법원에 대하여 다음의 네 가지를 만장일치로 채택하고 있다. 그것은 꾸란, 하디스 (무함마드의 순나에 관한 문서), 유추해석(아랍어로 끼야스), 움마의 합의(아랍어로 이즈마아)이며 이 네 가지 이외에 법률적 의견(아랍어로 이즈티하드)을 다섯 번째로 삼는 학자들도 일부 있다.

꾸란

꾸란은 주지하다시피 무함마드에게 전달된 하나님의 말씀을 기록한 것이다. 꾸란은 많은 율법과 금지령을 포함하고 있으며 개인과 집단의 행동에 관한 가치판단도 제공한다. 예를 들어 이혼 (꾸란 2장 226-238절), 계약 (꾸란 2장 281-283절), 재산상속 (꾸란 4장 11-17절) 등 모든 무슬림들이 준수해야 할 규칙이 명시되어 있다. 물론 암시적인 메시지도 있다. 그러나 인간의 행동의 다양성으로 꾸란이 다루는 것을 훨씬 초과하고 있는 것이 사실이다. 꾸란은 기도할 것을 무슬림들에게 명령하지만 하디스를 통해 기도하는 방법을 배워야 한다.

하디스

하디스는 꾸란 다음의 제2의 법원에 해당된다. 사도의 순나는 꾸란보다 더욱 광범위하지만 무슬림들은 샤리아의 법원으로 이용하는데 신중해야 하며 어떠한 유혹도 피해야만 했다. 처음에는 하디스의 내용이 위조됐는지 그 내용의 신빙성을 확인해야 했다.

여러 확인단계를 거쳐 하디스를 종합적으로 정리한 학자로는 알-부카리(Bukhari)와 무슬림(Muslim) 등이 있다. 그들은 페르시아 출신이었으나 그들의 공헌이 매우 컸다.

하디스는 꾸란의 상징적, 추상적인 의미를 실질적, 구체적으로 해설하였으며 순나 자체로서 고유의 규범을 시사하고 있으며 꾸란에서 무효규범에 대치되는 새로운 규범을 설정하고 있다.

움마의 합의

움마의 합의 즉 이즈마아라는 것은 사물에 대한 결정, 또는 견해의 합의 혹은 일치를 말하는데 여기서는 사도 무함마드 사후에 꾸란과 하디스의 내용 해석에 관한 이슬람 법학자들의 합의, 일치된 견해를 뜻한다.

유추해석

유추해석의 의미를 갖고 있는 끼야스 본래의 의미는 구체적으론 사물과의 비교를, 추상적으론 인간의 경우 양자 또는 그 이상을 상호 비교하는 것이지만 여기선 새로운 상황의 발생으로 꾸란과 하디스에 명기되지 않은 경우에 대해 꾸란과 하디스의 내용에서 유추하는 방법을 말한다. 꾸란에서 와인을 금지하고 있는 것에 따라 와인과 같은 효과를 주는 모든 증류주를 금지하는 경우와 같은 것이다.

유추해석은 시대의 변천에 따라 샤리아에서 점점 높은 비중을 차지하고 있다. 결국 샤리아라는 것은 전술한 네 가지를 주요 법원으로 삼고 이슬람 학자들이 이슬람교의 모든 규율을 종합하여 정리한 규범을 의미한다.

정통 법학파

샤리아법의 성문화는 서기 9세기 후반기에 이루어졌다. 어느 법원을 중시하느냐에 따라 네 개의 순니 정통 법학파가 태동하게 되었다. 하나피파, 샤피이파, 말리키파, 한발리파 등이 그 예들이다.

하나피파가 가장 큰 세력을 갖고 있다. 주로 꾸란과 하디스 이외에 합의를 상당히 채택하고 있다. 인도와 파키스탄 그리고 옛 오스만제국 치하의 지역에서 지배하고 있다.

말리키파는 사우디아라비아의 메디나에서 성장하였으며 하디스를 많이 이용한다. 이집트 남부와 북서 아프리카에서 지배적인 학파이다.

샤피이파는 서기 9세기 이집트에서 하나피파와 말리키파의 종합판으로 성장하였다. 그러나 유추해석에 중점을 두고 있다. 인도양과 인도네시아에서 강세를 보이고 있다.

한발리파는 유추해석과 합의, 그리고 법률적 해석을 법원으로 인정하지 않는 다소 엄격한 학파로 그 때문에 추종세력이 적은 편이다. 오늘날 이슬람 개혁운동을 생각하는 사람들이 선호하는 학파이다. 현재 사우디아라비아의 공식적인 법체계로 채택되고 있다.

이슬람법 제도에서는 변호사와 검사를 두지 않는다. 대부분의 경우 이슬람 재판관이 소송 당사자와 증인이 제시한 증거를 바탕으로 (때때

대정통칼리파 아부 바크르.

로 법학자 등의 자문을 받기도 한다.)판결을 내린다.

　중요한 것은 4대 법학파 내에서 서로 상이한 견해들이 나타난다고 해서 이슬람의 단일성을 파괴하는 것은 아니라는 것이다.

　또한 샤리아의 적용범위나 시대적 부적절성에 관하여 언급하자면 관습화된 대인관계법, 재산에 관한 법 및 세제 그리고 미풍양속은 샤리아의 적용을 받고, 그 이외에는 세속법의 적용을 받는다. 즉 일반 사법법원과 행정법원은 유럽의 법 제도를 본 따서 제정하였다.

　대부분의 아랍국가에서 이슬람은 국교이며, 이슬람법은 국가법의 근간이라고 헌법에 명시하고 있다.

4. 이슬람의 종파

4.1 순니파

'순나(sunna)'는 어의(語意)적인 의미로서는 '이슬람 이전의 관습과 전통'을 의미하며 이슬람에서는 '사도 무함마드의 언행'을 뜻한다. 따라서 '순니(sunni)'란 사도 무함마드의 언행을 따르는 사람들로서, 이슬람의 또 다른 분파인 쉬아파가 형성된 뒤 사도 무함마드의 언행록인 하디스를 인정하고 4명의 정통 칼리파를 지지하며 4대 법학파(한발리학파, 말리키학파, 하나피학파, 샤피이학파)의 어느 한 편에 속하는 사람들을 일컫게 되었다. 순니 무슬림은 4대 법학파 가운데 하나를 따른다. 순니파는 전 세계 무슬림의 90% 이상을 차지하고 있기 때문에 이슬람의 정통파로 여겨진다.

순니파의 중요한 교리는, 꾸란이 창조된 것이 아니며 영원체라는 것이다. 이와 같은 순니파의 신조를 가장 먼저 명문화한 것은 '피끄흐 아크바르 1'(820-840)이다. 이것은 10개 조항으로 된 조그마한 책으로서 카와리지파, 까다리야파(자유의지 추종자들), 쉬아파, 자흐미야파 등에 반대하는 내용을 담고 있다. 그 후 보다 완벽한 '피끄흐 아크바르 2'(900-950)가 작성되었고 신의 속성을 규정하는 항목이 추가되었다. 이들 '피끄흐 아크바르 1, 2'는 다른 종파와의 구분점을 밝힘으로써 순니의 입장을 명백히 한 것이다. 즉 신자가 죄를 범했다고 해서 비신자가 될 수 없으며 행위가 믿음의 일부는 아니라는 입장이다. 또 믿음은 증감되는 것이 아니며, 꾸란의 영원성을 믿어야 하고, 제 3대 칼리파 우쓰만이 제 4대 칼리파 알리보다 우위에 있다는 내용도 들어 있다.

순니 신학을 발전시킨 대표적 신학자는 아슈아리(873-935)이며, 순니파의 연구 중심지는 압바시야왕조에서는 바그다드였으나, 압바시야왕조가 멸망한 뒤로는 카이로의 아즈하르대학(972년 설립)으로 옮겨져 오늘에 이르고 있다.

4.2 쉬아파

'쉬아(Shia)'는 아랍어의 '분파'라는 의미이며, 쉬아파는 순니파(派)와 더불어 이슬람교의 2대 종파로서 순니파(정통파) 이외의 분파를 총칭한다.

무함마드 사후의 후계자 선정에 관한 의견 차이로 인해 분파가 생겨났으며, 순니파가 무함마드의 후계자를 4대 정통칼리파들과 역대 칼리파 왕조의 칼리파로 인정하는데 반하여, 쉬아파는 무함마드의 사위이며 제 4대 정통칼리파인 알리(Ali)만을 정통 칼리파로 인정했다.

쉬아파의 성립은 당초 정치적인 동기에서 이루어졌으나, 나중에 이교적 요소가 다분히 혼입되어 수피즘과 같은 신비주의적 색채가 가미되었다.

쉬아파의 유파는 아주 많아, 순니파에 가까운 자이드파와 12이맘파(알리, 하산, 후세인...이스마일... 무함마드 알무타즈르), 7이맘파(이스마일파) 등이 있는데, 7이맘파에서는 암살교단으로 악명 높은 알라위파(또는 누사이리파)와 시리아와 레바논에 분포해 있는 드루즈파와 같은 특이한 유파가 생겨났다.

사도 무함마드 사후 그의 후계자 선정 문제로 움마 내부의 정세가 혼란스러울 때 알리의 지지 세력도 어느 정도 존재하였다. 알리의 추종자들은 사도의 죽음과 동시에 그를 후계자로 추대하는 데는 실패하였지만 계속 정치세력으로 남아 제3대 정통 칼리파 우쓰만이 암살된 후 알리를 제4대 칼리파로 선출하는데 성공하게 된다.

661년 알리가 살해되고 알리의 최대 정적(政敵)이었던 무아위야(재위기간 661-680)가 칼리파로 즉위한 뒤 알리의 수도였던 이라크의 쿠파를 중심으로 알리의 지지자들은 둘째 아들인 후세인(658-680)을 칼리파로 추대하려고 불러들였다. 그러나 후세인과 그의 소규모 추종자 부대는 쿠파 부근 카르발라에서 이라크 총독의 군대에게 몰살당했다. 이때까지만 해도 이 세력은 칼리파직을 계승하기 위해 우마위야왕조의 집권세력에 저항하는 정치집단이었다. 그래서 '알리의 당'이란 뜻의 '쉬아 알리'로 불려지게 되었고 간단히 '쉬아'가 되었다.

후세인이 죽은 후 알리파는 무크타르(?-687)의 지휘 아래 후세인의 복수를 외치며 반란을 일으켰다. 무크타르의 반란은 아랍인 지배자들에 의해 차별대우를 받고 있었던 마왈리(비아랍계 무슬림)들의 지지를 받았다. 그러나 무크타르의 반란은 실패로 돌아갔고, 그 결과 알리파의 성격이 정치적인 성향에서 벗어나 종교적인 색채를 띠기 시작했다.

무크타르가 죽은 후 거의 50년 동안 알리파의 정치적 활동은 표면적으로 나타나지 않았다. 이 기간 중에 알리파의 종파적 교리가 발전하였으며, 이 시기가 바로 쉬아파의 태동기라 할 수 있다. 이때 이맘은 사도의 혈통만이 될 수 있다는 교리가 생겼다.

750년 우마위야왕조(661-750)가 무너지고 압바시야왕조(750-1258)가 세워질 때 쉬아파가 도움을 주었지만 알리의 자손 중에서 칼리파가 된 사람은 없었다. 그러나 알리는 순니파 이슬람의 위대한 영웅으로 명예 회복이 되었고, 알리와 사도 무함마드의 딸인 파띠마 사이의 자손들은 '사이드(said)'(주인, 신사라는 의미를 가지고 있으며, 사도 무함마드의 자손들을 부르는 경칭으로, 현재는 주로 영어의 Mr.라는 의미로 사용된다. 역자 주) 또는 '샤리프(sharif)'(뛰어난, 고귀한 이라는 의미이며, 사이이드와 같이 사도 무함마드의 자손들을 부르는 경칭이다. 역자 주)라는 경칭을 얻었다. 이때 이맘은 반드시 후세인의 자손에게만 한정되어야 한다는 쉬아파 교리가 생겨났다.

쉬아파는 16세기 초반, 이란의 사파위왕조(사파비왕조, 1501-1732)가 출현할 때까지 이슬람세계의 어느 곳에서나 소수파로 머물렀다. 사파위왕조는 쉬아파 이슬람교를 유일한 합법 신앙으로 인정하고 아제르바이잔의 터키인, 이란의 페르시아인, 그리고 이라크 본토의 아랍인들을 수용했다. 이들은 12이맘파였으며 이 종파를 강력한 종파로 발전시켰다. 20세기 후반에 쉬아파는 특히 이란에서 이슬람 근본주의의 주류를 형성했다.

순니파와 쉬아파의 차이점을 간단히 살펴보면, 순니파는 4명의 정통 칼리파를 사도 무함마드의 합법적 후계자인 칼리파로 인정하는 반면, 쉬아파는 무함마드의 사위였던 제4대 칼리파 알리와 그 후손만을 무함마드의 후계자인 이맘으로 인정한다. 또한 순니파는 무함마드에 의해 건립된 신정국가를 세속의 통치영역으로 오랫동안 이해해왔기 때문에 이슬람의 지도권에 대해서도 신의 질서나 영감이 아닌 당시 이슬람세계의 지배적인 정치현실에 의해 결정된다고 생각했다. 이러한 입장 때문에 순니파는 역사적으로 메카의 지배 가문을 인정했으며, 종교적 관행을 보장하고 질서를 유지하는 경우라면 어떠한 칼리파의 통치라도 용인했고 외국인 칼리파의 지배까지도 수용했다. 따라서 순니파 교도는 무함마드의 일족인 꾸라이쉬 부족 출신이 칼리파가 되어야 한다고 주장하면서도, 반면에 혈통에 상관없이 사실상의 칼리파에게 충성을 바치는 것을 허용할 정도로 융통성을 가지고 있었다.

5. 이슬람과 기독교

5.1 유대교, 기독교, 이슬람의 뿌리는 하나

원래의 변하지 않는 계시들이 아브라함에게 내려졌고 아담 이후에 온 모든 사도들은 오직 한 분뿐이신 하나님으로부터 왔다. 세 종교의 많은 신념들과 가치들의 유사함이 이들의 공통적인 기원으로 설명된다.

아브라함은 꾸란에서 가장 위대한 사도들 중의 한 분으로 언급되며 '하나님의 친구'로 존경받는다. 아브라함과 그의 장남 이스마일(기독교에서는 이삭을 아브라함의 장남이라 주장한다. 역자 주)은 오늘날 사우디아라비아의 메카에 경배의 장소인 카바를 건설하도록 하나님으로부터 명령을 받았다. 카바는 하나님을 경배하기 위한 성소로 건설된 단순한 바위 건축물이다. 꾸란에 의하면 하나님은 모든 무슬림들이 카바를 방문하도록 명령했고, 모든 인류를 카바로 소환할 것을 아브라함에게 명령했다. 카바는 모든 무슬림들이 하나님을 향해 기도하는 경배의 중심지인 것이다.

유대교의 모세는 하나님이 유대인에게 보낸 사도이며, 예수와 무함마드 역시 하나님의 사도다. 인간을 구원하기 위하여 하나님은 아브라함을 비롯한, 모세, 노아, 다윗, 예수 등 수 많은 사도들을 보냈으며 하나님이 보낸 마지막 사도가 아랍인들에게 보낸 무함마드라는 것이 이슬람의 설명이다.

따라서 이슬람에서는 유대교와 기독교의 뿌리는 하나이며 형제의 종교로 인정하고 배척하지 않는다. 유대교도와 기독교도와의 결혼도 허용한다. 그러나 무함마드 이전의 사도들에 의해 계시된 하나님의 말씀이 인간들에 의해 일부 변질되었고, 이를 수정한 최종적인 하나님의 말씀과 명령이 꾸란에 담겨 있다는 것이 이슬람의 시각이다.

5.2 이슬람의 예수관

예수의 탄생부터 성장과정까지, 어머니 마리아를 간음한 여자로 매도하여 비방한 유대인들에게 그의 어머니를 변호하기 위해 요람 속에 있던 젖먹이 예수가 말한 것을 비롯하여 문둥병 환자를 고치는 등 성경에서 언급하고 있는 예수에 관한 이야기가 꾸란에도 그대로 기록되어 있다. 꾸란은 예수를 믿지 않으면 천국에 들어갈 수 없다고 하며, 예수가 부활해서 심판의 날 재림한다고 한다.

그런데 성경과 꾸란이 타협할 수도 양보할 수도 없는 근본적인 문제가 한 가지 있다. 남자와 접촉 없이 처녀의 몸을 통해서 태어난 예수를 인성(人性)으로 볼 것인가, 아니면 신성(神性)으로 볼 것인가 이것이 두 성서 간에 풀 수 없는 문제이다.

남자와 접촉하지 않고도 처녀가 아이를 낳았다면 믿을 사람이 있을까? 남자의 정자 없이 여자의 난자만으로 아이를 낳을 수 있다는 과학적 연구가 아직 뒷받침되지 않고 있지만, 성경과 꾸란은 마리아라는 처녀가 남자와 접촉한 사실이 없는데도 예수라는 아이를 득남했다고 주장하고 있다.

동정녀 마리아가 아기를 낳으니 그의 이름을 예수라 하였고, '축복의 기름으로 부어짐을 받은 이'란 메시아(Messiah) 칭호를 부여하면서 메시아 예수를 믿고 따르는 사람이어야 신의 사랑과 자비를 받는다고 꾸란은 설명하고 있다. 또한 예수에게 계시된 복음서를 믿지 않고는 완전한 신을 발견할 수 없다는 것이 꾸란의 가르침이다. 예수가 신의 선택을 받아 이 땅에 온 것은 변형된 구약성서의 내용을 바로 잡아 이스라엘 백성에게 길을 안내하고 모세의 율법을 실현하기 위해서이다. 만일 구약성서의 내용이 변질되지 아니하고 구약의 원 성서가 그대로 보존되었다면 예수는 이 땅에 올 필요가 없었다. 예수가 행한 많은 기적을 믿어야 한다는 것도 꾸란의 가르침이다. 이미 죽은 사람을 살렸다는 기적으로부터 장님의 눈을 뜨게 한 기적 등이 언급되어 있다.

이스라엘 자손들이 예수를 음모하여 살해하려 하였고, 유대인들이 예수를 간음한 여자의 아들로 간주하여 그를 불신한 것은 신에 대한 큰 모독이며, 모세의 율법을 배반한 이스라엘 백성은 저주받은 백성이므로 선민이 될 수 없다고 꾸란은 말한다.

예수는 성스러운 혼으로 보호를 받았다는 기록이 꾸란에 자주 언급되고 있다. 이 문구를 '성신'이란 의미로 해석했을 경우는 기독교 신학의 삼위(三位) 가운데 하나와 유사하다고 할 수 있다. 그러나 꾸란 해석자들은 이 문구를 가브리엘 천사장으로 해석하면서 예수를 인성으로 규정하고 있다.

이는 예수의 탄생을 아담이나 이브의 탄생과 연계시켜 해석하고 있기 때문이다. 아담의 아내 이브는 여성의 난자 없이 아담이라는 총각의 몸에서 만들어진 여성으로 성경과 꾸란 두 성서의 해석은 일치하고 있다. 여성의 접촉 없이 탄생된 이브를 신성으로 보지 않는 것처럼 예수도 신성으로 볼 수 없다는 것이다. 남자의 몸을 스치지 않고 태어난 처녀의 아들을 예수라 한다면, 여자의 몸을 접촉하지 않고 태어난 총각의 딸을 이브라 말할 수 있다. 그리고 남자의 몸도, 여자의 몸도 접촉하지 않고 탄생한 아담은 신의 아들이라고 말할 수밖에 없다. 그러나 아담을 신성으로 보지 않고 완전한 인성으로 보는 것처럼, 또 여자 없이 태어난 이브가 신성이 아닌 것처럼, 예수의 탄생도 신성이 아니라는 것이다. 남자 없이 여자의 몸에서 태어난 예수를 신성이라 할 수 있다면 여자 없이 남자의 몸에서 태어난 이브는 어떻게 설명할 것이며, 더더욱 남자와 여자도 없이 태어난 아담은 완전한 신성으로 볼 수 있는가 라는 가설을 제시하면서, 예수의 신성을 부인하고 예수를 신성으로 믿는 것은 신에 대한 큰 죄라고 꾸란은 언급하고 있다.

예수가 서기 27년부터 30년까지 3년 남짓 활약한 것을 제외하면 그의 생애, 특히 마지막 생애에 관한 그의 사생활은 너무나 많은 신비와 베일에 싸여 있다.

예수가 십자가에 못 박혀 일생을 마쳤으며, 장사 지낸 지 사흘 만에 상처 입은 그대로 일어나 주위를 걷다가 그의 제자들과 대화를 나누고 음식을 먹은 후 그의 몸이 하늘로 승천하였다는 기독교신학 이론에 대하여, 꾸란은 예수의 부활과 재림을 가르치고 있으면서도 예수가 십자가에 못 박혀 생을 마쳤다는 부분에 대하여는 다른 이론을 전개하고 있다. 유대인들이 예수 그리스도를 살해할 수도 없었을 뿐만 아니라, 십자가형을 진 것은 예수가 아니라 그를 음모 살해하려 했던 유대인 두목으로 해석하고 있다. 유대인들이 예수를 살해할 음모를 꾸몄을 때 신은 이미 예수를 보호할 계획을 세웠다는 것이다. 즉 신의 완전한 능력으로 유대인 두목을 예수의 형상으로 나타나게 하자 유대 병사들이 그를 예수로 착각하고 그에게 십자가형을 내리고, 메시아 예수는 부활시켜 세제한 후 심판의 날 재림하는 그 날까지 신을 부정한 무신론자나 다신론자들에 대한 증인으로 하늘에 두었다는 것이다.

꾸란에서 예수의 죽음에 대한 기록은 발견되지 않는다. 이로 인하여 자연사했을 것이라고 보는 신학자가 있는가 하면, 예수의 죽음을 부정하고 영혼과 육신이 아직 살아 있어 세상의 종말이 되기 바로 전에 재림하여 그가 유대인들에게 붙잡혀 십자가에 못 박혀 죽지 않았다는 사실에 대해 증언을 하고 신의 심판을 준비하신 후 부활 전날 사망한다고 보는 이슬람 신학자들도 있다.

【꾸란 속의 예수】

"하나님은 모세에게 성서를 주었고 그를 이어 사도들을 오게 하였으며 마리아의 아들 예수에게 권능을 주어 성령으로 그를 보호케 하였노라..." (2:87)

"말하라 우리는 하나님을 믿고 우리에게 계시된 것과 아브라함과 이스마엘과 이삭과 야곱과 그리고 그 자손들에게 계시된 것과 모세와 예수가 계시 받은 것과 선지자들이 그들의 주님으로부터 계시 받은 것을 믿나이다. 우리는 그들 어느 누구도 선별치 아니하며 오직 그분에게만 순종할 따름이라"(2:136)

"이들 선지자들에게 하나님은 은혜를 달리하였나니 어떤 선지자에게는 하나님의 말씀이 계셨고 다른 선지자들은 지휘를 올렸나니 하나님은 마리아의 아들 예수에게 예증을 주어 그를 성령으로 강하게 하였노라..."(2:253)

이슬람성전과교회

"천사들이 말하길 마리아여 하나님께서 너에게 말씀으로 복음을 주시니 마리아의 아들로써 그의 이름은 메시아 예수이니라. 그는 현세와 내세에서 훌륭한 주인이시오 하나님 가까이 있는 자 가운데 한 분이라"(3:45)

"예수가 그들의 불신을 알고 소리쳐 가로되 누가 하나님의 편에서 나를 따를 것인가. 그들이 대답하여 가로되 저희가 하나님을 따르는 자들이며 하나님을 믿고 저희가 무슬림임을 증언하나이다 라고 하더라"(3:52)

"하나님이 말씀하사 예수야 내가 너를 불러 내게로 승천케 한 너를 다시 임종케 할 것이라. 불신자들로부터 세제하며 너를 따르는 자 부활의 그날까지 불신자들 위에 있게 하리라. 그런 다음 너희는 내게로 돌아오나니 너희가 달리한 것에 대해 가름을 하여 주리라"(3:55)

"우리는 하나님을 믿고 우리에게 내려진 계시와 아브라함과 이스마엘과 이삭과 야곱과 그 자손들에게 내려진 율법을 믿으며 모세와 예수와 사도들에게 내려진 율법을 믿으며 사도들을 구별하지 아니하며 하나님만을 믿는다 말하라"(3:84)

"마리아의 아들이며 하나님의 선지자 예수 그리스도를 우리가 살해하였다라고 그들이 주장하더라. 그러나 그들은 그를 살해하지 아니하였고 십자가에 못 박지 아니했으며 그와 같은 형상을 만들었을 뿐이라. 이에 의견을 달리하는 자들은 의심이며 그들이 알지 못하고 그렇게 추측을 할 뿐 그를 살해하지 아니했노라"(4:157)

"하나님께서 그를 오르게 하셨으니 하나님은 권능과 지혜로 충만하심이라"(4:158)

"성서의 백성들이여 너희 종교의 한계를 넘지 말며 하나님에 대한 진실 외에는 말하지 말라. 실로 예수 그리스도는 마리아의 아들이자 하나님의 선지자로써 마리아에게 말씀이 있었으니 이는 주님의 영혼이었노라. 하나님과 선지자들을 믿되 삼위일체설을 말하지 말라 너희에게 복이 되리라. 실로 하나님은 단 한 분이시니 그분에게는 아들이 있을 수 없노라. 천지의 삼라만상이 그분의 것이니 보호자는 하나님만으로 충분하니라"(4:171)

"예수는 마리아의 아들로써 선지자일 뿐 이는 이전에 지나간 선지자들과 같음이라. 그의 어머니는 진실하였으며..."(5:75)

"이스라엘 자손 가운데 믿음을 배반한 자들은 다윗과 마리아의 아들 예수의 혀를 통하여 저주받았더라. 그들은 거역했고 죄악을 범했기 때문이라"(5:78)

"하나님은 그분의 선지자들로 하여금 그들의 발자취를 따르도록 하였으니 마리아의 아들 예수를 보내어 그에게 신약을 주었고 그를 따르는 모든 자들의 심중에 사랑과 자비를 주었노라. 그러나 그들은 하나님이 묘사하지 아니한 그들만을 위한 수도생활을 창안하였으나 하나님은 그분의 기쁨만을 추구하라 했을 뿐이라. 그러나 그들은 그들이 해야 할 것을 준수하지 못했더라. 그리하여 하나님은 믿는 자들에게 그들의 보상을 주었으나 그들 대다수는 사악한 자 중에 있었노라"(57:27)

6. 이슬람의 여성

6.1 이슬람 사회에서 여성의 지위

    인류의 역사를 통해 볼 때 여성이 남성과 동등한 대우를 받기 시작한 것은 비교적 최근의 일이다. 여성의 인권을 강조하는 서구 사회에서도 여성의 참정권과 재산 소유권이 인정된 것은 채 100년이 되지 않는다.

    서구 사회에서 여성에 대한 차별은 구약성경의 선악과와 관련된 여성의 원죄론에서 시작된다. 하나님의 명령으로 금지된 선악과를 뱀의

베이루트의 젊은 여성

유혹에 넘어간 이브가 아담을 유혹하여 선악과를 먹게 함으로서 에덴 동산에서 쫓겨났기 때문에 여성에게는 인류에 대한 원죄가 있고, 그 죄 값이 출산의 고통이라는 것이 기독교식 설명이다.

서구 민주주의의 기반이라는 고대 그리스에서는 여성은 노예와 외국인과 함께 시민에 포함되지 않은 채 각종 불이익과 차별을 감수해야 했고, 여성에 대한 모든 권한은 남편에게 주어져 심지어 아내를 매매할 수 있는 권한이 남편에게 있었다. 또한 로마에서도 여성은 결혼과 동시에 남편에게 귀속되며 여성 자신은 남편의 재산이나 노예로 간주되었다.

중세시대에도 여성은 성서를 만질 수조차 없었고 사탄에 버금가는 나쁜 피조물로 묘사되고 있다. 프랑스에서는 남편의 허락없이 여성이 돈을 쓰는 것은 불가능했고, 영국에서는 여성은 남성과 겸상을 할 수 없고, 남편에게 먼저 말을 걸 수도 없었다.

동양의 상황도 서양과 크게 다르지 않았다. 인도에서는 남편이 사망할 경우 미망인은 남편의 시체와 함께 불태워졌고, 아라비아반도에서의 여성은 그 자체가 부담스럽고 거추장스러운 존재였다. 이로 인해 여아의 생매장이나 무제한의 일부다처제도가 당연하게 받아 들여 졌다. 조선사회에서도 여성은 삼종지도(三從之道)와 칠거지악(七去之惡)에 묶여 있었고 사회적인 활동은 당연히 제한되었다.

따라서 인류의 발전 과정에서 여성에 대한 억압과 불이익은 특정 지역과 시대만의 특수한 상황이 아닌 보편적인 관습이었고, 여성에 대한 억압은 지역과 시대에 따라 형태는 다르지만 사회 제도와 관습

히잡을 쓴 이슬람 여성

으로서 고착화되었다. 그 결과 여성 스스로도 이를 당연시하여 수용
하게 되었다.

　이런 상황에서 7세기에 아라비아반도에 도래한 이슬람은 여성 인권
과 권리의 측면에서 커다란 혁명이었고 여성에 대한 축복이었다.

　이슬람 이전 시대에 아랍 사회에서 여성의 지위는 높지 않았고 남성
과 평등하지도 않았다. 여성은 남성의 소유물로 인식되어 매매나 상속
의 대상이 되었고 단지 성적 쾌락의 대상으로서 남성을 위한 부속물일
뿐이었다. 여성은 부모와 가족의 명예를 위협할 수 있는 존재로 여겨져
어린 여자 아이들이 산채로 매장되는 풍습도 있었다.

　이런 풍습은 거친 자연 환경을 이기며 살아가야 하는 유목 생활에서

는 강한 힘과 체력을 가진 남성이 중시됨에 따라 육체적으로 허약한 여성은 경시되었기 때문이라는 생태학적 요인과 밀접한 관련이 있다.

여성의 인권을 무시하거나 부정하는 것이 당연한 현상으로 받아들여질 때, 이슬람은 여성의 인권과 지위를 인정하고 이를 개선시켰다. 이슬람은 여성의 가치를 인정하고 남성과 동등한 인권을 부여했으며, 여성의 능력과 사회적 책임감을 수용했다. 이는 이슬람이 추구하는 이상적인 사회는 인종과 남녀와 빈부의 차별이 없는 평등이 지배하는 사회이기 때문이다.

이슬람에서는 남녀의 '구별'은 인정하나 '차별'은 허용하지 않는다. 남녀의 신체적, 정서적인 차이로 인해 가정과 사회에서 남녀의 역할은 구분하지만, 이로 인한 차별은 용납하지 않는다.

이슬람은 강인한 체력을 가진 남자에게는 가족 부양을 위해 집 밖에서 일할 것을 요구했고, 상대적으로 연약한 여성에게는 남성의 보호하에 집안에서 가정의 운영과 관리를 요구했다. 이는 남녀의 차별이 아니라, 특성에 따른 역할의 구분일 뿐이다.

꾸란과 하디스에는 여성의 지위와 권익을 보호하기 위한 여러 가지 구절과 경구들이 언급되어 있다. 그 중 남녀의 관계에 대해서는 아래와 같이 규정하고 있다.

"하나님은 한 몸에서 너희를 창조하사 그로부터 배우자를 두어 그로 하여금 남녀가 풍성히 번성토록 하였노라. 너희가 너희 권리를 요구하매 하나님을 공경하고 또 너희를 낳아 줄 태아를 공

경하라"(4:1)

"하나님이 한 몸에서 너희를 창조하셨고 그로부터 배우자를 두어 그로 하여금 그녀와 거주하 게 하니 둘이서 결합하여 그녀가 가볍게 임신하고 생활을 계속함이라. 그녀의 몸이 무거워지자 그들은 하나님께 저희에게 착한 아이를 주소서 실로 저희는 감사하는 자 중에 있겠나이다라고 기도하니"(7:189)

"남녀 신앙인들은 서로가 서로를 위한 보호자라. 그들은 선을 행하고 사악함을 멀리하며 예배를 드리고 이슬람세를 바치라 하셨노라. 또한 하나님과 그분의 선지자에게 순종하사 하나님께서 그들에게 은혜를 베풀 것이라"(9:71)

"주님께서 그들에 응하사 나는 남녀를 불문하고 그들이 행한 어떠한 일도 헛되지 않게 할 것이라. 너희는 서로 동등하니라. 그들의 집을 떠났거나 추방당했거나 나의 길에서 수고한자 성전하였거나 살해당한 그들을 속죄하여 줄 것이며 강이 흐르는 천국으로 들어가게 하리니 이것이 하나님으로부터 받을 보상이라 그중 좋은 보상은 하나님께 있노라"(3:195)

"무슬림 남녀에게, 믿음이 있는 남녀에게, 순종하는 남녀에게, 진실한 남녀와 인내하는 남녀에게, 두려워하는 남녀와 자선을 베푸는 남녀에게, 단식을 행하는 남녀와 정조를 지키는 남녀에게, 하나님을 염원하는 남녀에게, 하나님은 관용과 크나큰 보상을 준비하셨노라"(33:35)

"믿음으로 선을 행하는 모든 남녀에게 하나님은 행복한 삶을 부여할 것이며 또한 하나님은 그들이 행한 선에 대하여 최상의 것으로 보상 하리라"(16:97)

또한 하디스에는
- 천국은 어머니의 발아래에 있다.
- 여성들에게 좋은 행동을 보여라.
- 너희의 가장 좋은 선 중 하나는 여성에게 선을 행함이니라.
- 좋은 남성은 여성들에게 좋은 언행을 보이나, 나쁜 남성은 폭력을 사용한다.
- 세상에서 가장 좋은 존재는 올바른 여성이라.
- 신앙을 가진 남성들은 자신의 부인을 멀리하지 않는다.
- 여성의 동의를 구하지 않으면 결혼시킬 수 없다. 여성에게 허락을 구함이 없이 약혼은 성립되지 않으며 여성의 침묵은 허락으로 간주된다.
- 나의 공동체여! 여성에게 친절할 지어다.

등 여성에게 관대할 것과 여성을 보호할 것을 요구하는 많은 경구들이 등장한다. 이는 이슬람에서는 여성을 더 이상 남성의 종속적인 소유물로서 간주하지 않고 남성과 동등한 대상으로 간주하고 있음을 의미한다.

여성의 원죄론에 대해서 이슬람은 에덴동산에서 선악과와 관련한 하나님의 명령은 아담과 이브 두 사람에게 동시에 내려진 것으로 해석한다. 꾸란에 의하면 아담에게 선악과를 먹도록 권유한 것은 이브가 아니라 사탄이다. 따라서 선악과에 대한 책임과 용서와 후회는 아담과 이브 공동의 몫이지 이브만의 책임이 아니다. 이와 관련한 꾸란 구절은 다음과 같다.

"하나님이 말씀하사 아담아 아내와 함께 천국에 거주하며 그대들이 원하는 양식을 먹되 이 나무에 접근하지 말라. 그렇지 않으면 죄지은 자 가운데 있게 되니라"(2:35)

"그러나 사탄이 아담아 내가 너를 영생의 나무와 불멸의 왕국으로 안내하여 주리요 라고 속삭였더라"(20:120)

"오래전에 하나님이 아담에게 성약을 했으나 그는 그것을 잊었더라. 그러나 그에게서 고의성 을 발견하지 못했노라"(20:125)

"그렇게 하여 그들이 그것을 먹으매 그들의 벌거벗음이 그들에게 나타났더라. 그러자 그들은 천국의 나무 잎으로 그곳을 가리

기 시작했고 아담은 그의 주님의 명령을 배반했으니 그는 방황
하게 되었더라"(20:121)

"사탄이 그들을 유혹하여 그곳으로부터 나가게 하매 하나님이
말씀하사 서로가 서로의 적이 되어 지상에서 얼마동안 안주하
여 살라 했노라"(2:36)

위의 꾸란 구절에서 알 수 있는 것처럼, 이슬람에서는 선악과와 관련
하여 이브보다는 아담에 대한 책임을 강조하고 있다. 즉, 아담에게 1차
적인 책임이 있고, 이브에게는 2차적인 책임을 묻고 있다는 점에서 기
독교와 해석을 달리 하고 있으며, 여성에게 어떠한 부가적인 책임도 지
우지 않고 있다.

6.2 이슬람 사회에서 여성의 재산권

이슬람은 여성의 재산 소유를 인정하고 보장하고 있으며, 여성에게
불리한 여러 제도들을 폐지했다. 여성의 재산 소유를 금지하던 관습을
타파하고 이를 위한 제도적인 장치를 만들었다. 여성들에게 상속권, 매
매, 임대, 기부, 자선, 법적 이전, 양도와 계약의 주체로서의 권리를 부
여했다.

이슬람 사회에서 여성의 재산은 결혼시에 신랑측으로부터 받는 혼
납금(mahr)과 상속으로 물려받은 재산과 자신의 경제 활동으로 취득
한 재산으로 구분할 수 있다.

이중 혼납금은 여성 본인만이 권리를 행사할 수 있는 재산으로서 남편이나 친정 부모도 이에 대한 권리를 갖지 못한다. 결혼을 할 때, 혼납금을 여성의 친정 부모나 대리인이 받는 경우가 있지만 이들은 단지 혼납금을 보관할 뿐 사용에 대한 어떠한 권리도 갖지 못한다. 따라서 이슬람 사회에서 혼납금은 여성의 보호와 권익 신장을 위한 대표적인 제도라 할 수 있다. 꾸란에서는 여성의 혼납금에 대해 다음과 같이 규정하고 있다.

"결혼할 여자에게 결혼 혼납금을 주라. 만일 너희에게 그것의 얼마가 되돌아온다면 기꺼이 수락해도 되니라" (4:4)

"너희 가운데 부유하고 신앙이 두터운 여성과 결혼할 수 없는 자는 너희들의 오른손이 소유한 자들 가운데서 신앙심이 두터운 하녀들과 결혼함이 나으니라. 하나님은 너희들의 믿음을 잘 아시고 계시며 또한 너희는 아담의 한 자손이라 그럼으로 그녀 보호자의 허락을 얻어 결혼하되 적절한 혼납금을 지불할 것이라..." (4:25)

여성은 남편이나 부모 또는 그녀가 상속의 권리를 갖고 있는 사람이 사망했을 시에 남성과 동일한 상속권을 갖는다. 일각에서는 여성의 상속분이 남성에 비해 작다는 점에 비추어 이슬람 사회의 남녀 차별을 주장하지만 이는 이슬람 사회에 대한 무지의 결과다. 이슬람 사회에서 가

족 부양의 책임은 남성에게 주어지며 여성에게는 어떠한 가족 부양의
의무도 주어지지 않는다. 따라서 가족 부양의 책임이 있는 남성에게 더
많은 유산을 상속하는 것은 지극히 합당한 일이다. 이는 이슬람의 현실
적이고 실용적인 측면을 보여 주는 사례라 하겠다.

꾸란에서는 여성의 상속에 대해 다음과 같이 규정하고 있다.

"부모와 가까운 친척이 남긴 재산은 남자에게 귀속하며 또한
부모와 가까운 친척이 남긴 재산은 여자에게도 귀속되나니 남
긴 것이 적던 또는 많던 합당한 몫이 있노라"(4:7)

여성 본인의 근로로 인해 생긴 재산 역시 여성 본인의 몫이다. 전술
한 바처럼 여성에게는 가족 부양의 의무가 없기 때문에 여성 본인의 경
제 활동으로 생긴 수입은 온전히 여성 본인의 것이다.

이런 제도는 당시 세계의 어느 곳에서도 발견할 수 없는 제도로서 인
간의 평등과 여성의 지위에 대한 이슬람의 인식을 확인할 수 있는 것이
라 하겠다.

이슬람에서는 여성에게 교육의 권리를 인정했고 이를 모든 무슬림
의 의무로 규정지었다. 하디스의 "지식을 구하는 것은 모든 무슬림의
의무다"라는 경구에서 교육에 대한 이슬람의 관심을 확인할 수 있고,
위의 경구에서 '무슬림'은 모든 남녀 무슬림을 의미한다.

여성에게는 남성과 동등한 종교적 의무가 요구된다. 예배, 금식, 희
사, 순례 등이 여성에게도 요구된다. 그러나 여성이 생리중이거나, 해

산 후에는 예배와 금식의 의무가 면제되고 금요일 예배도 여성에게는 의무 사항이 아니라는 점에 비추어 이슬람사회에서 여성은 남성에 비해 더 많은 특권을 누리고 있다 하겠다.

6.3 이슬람 사회의 이혼과 재혼

이슬람의 이혼은 매우 현실적인 인식에 바탕을 두고 있다. 결혼은 무슬림의 의무 사항이지만 결혼 생활의 파탄으로 인해 애정이 없는 결혼 생활을 강요하지는 않는다. 부부간의 사랑이 없는 강요된 결혼 생활을 지속함으로써 하나님에 대한 신앙심이 훼손될 우려가 있다면 이혼이 낫다는 인식을 보이고 있다. 또한 부부가 함께 해결할 수 없는 불화가 있다면 본인들과 자손과 사회를 위해 헤어지는 것이 낫다는 견해도 보이고 있다. 이는 이혼에 관하여 기독교와 유대교 등의 다른 종교에 비해 이슬람은 매우 개방적인 태도를 갖고 있고, 진정하고 올바른 신앙생활은 일상의 행복에 바탕을 두고 있다는 이슬람식 사고의 반영이다.

물론 이슬람에서 이혼을 권장하지는 않는다. 하디스에 '하나님이 가장 혐오하는 것은 이혼이다' 라고 언급하고 있는 것처럼, 이혼을 경계하고 있지만, 이슬람은 이혼을 더 큰 불행을 예방하기 위해 고통이 따르지만 절제해야만 하는 외과적 수술과도 같다는 인식을 갖고 있다. 따라서 이슬람에서는 어쩔 수 없는 최후의 선택으로서 이혼을 수용하고 있으며, 모든 이혼을 비난하지는 않는다.

이슬람에서의 모든 이혼은 쌍 방중 어느 한쪽이 다른 한쪽과 결혼 생활을 더 이상 지속할 수 없는 상황을 조건으로 한다. 예를 들면 성적(性

的) 불구, 종신 옥살이, 오랜 연락 단절, 가족과 아내의 부양 의무 외면, 간통, 폭행 등의 납득할 수 있는 이유에서만 이혼이 허용된다. 그러나 이런 상황에서도 아내가 이혼을 원하지 않을 때에는 이혼이 성립되지 않는다.

또한 이슬람의 이혼은 구두나 서면으로 이루어지지만 그것은 증인들 앞에서 이루어져야 하고, 강압, 권력의 탄압, 중독이나 홍분 상태, 분노나 농담, 실수나 부주의한 잘못으로 인한 이혼은 인정하지 않는다.

이슬람 이혼의 두드러진 특징은 이혼의 권리를 남녀에게 공평하게 주고 있다는 점이다. 유대교에서는 이혼의 권리는 남편에게만 주어졌고, 기독교에서는 쌍방의 어느 한쪽이 부정한 행위를 저질렀을 때만 이혼이 허용되었다. 또한 힌두교에서는 한번 혼인이 이루어지면 그 혼인은 취소될 수 없는 것으로 간주했다.

이러한 기성종교의 관행에 비해 이슬람에서는 이혼에 대한 아내의 권리를 인정하고 오히려 남편의 권리를 제한하고 있다. 여성의 생리 기간 동안은 여성의 정상적인 판단이 곤란하다고 생각하여 그 기간 동안은 이혼이 금지되며, 임신한 경우에는 분만 때까지 이혼이 유보된다. 이런 관행은 이슬람이전 시대 남성 중심의 아랍적 관행을 개선한 것이라 할 수 있다.

이슬람에서는 부부의 어느 한쪽이 이혼을 요구할 경우 먼저 당사자들이 스스로 문제를 해결하기 위한 충분한 노력을 할 것을 요구하고 있다. 이 노력이 실패할 경우 대리인을 통한 중재와 충분한 심사숙고를 거친 합의를 요구하고 있다. 꾸란에서는

"너희 부부 사이에 헤어질 우려가 있다면 남자 가족에서 한 사
람, 여자 가족에서 한 사람 중재자를 임명하라. 만일 화해를 원
한다면 하나님은 그들을 다시 한마음으로 하시나니"(4:35)

라고 언급하고 있다. 즉, 감정적으로 불편한 당사자들이 아닌 신뢰할
수 있는 중재인을 통해 쌍방의 화해를 주선함으로써 이혼을 막으려는
노력을 한다. 그럼에도 불구하고 이혼이 불가피한 경우, 결혼과 마찬가
지로 사회적 약자인 여성이 정신적, 사회적, 경제적으로 불이익을 당하
지 않도록 이슬람은 세심한 배려를 하고 있다.

남편은 이혼을 위해 자신의 아내를 험담하거나 모략해서는 안되며,
이런 행위가 근거없는 경우에 남편에게는 사회적, 법적 제재가 가해진
다. 자녀의 양육권 문제가 발생할 경우에는 법원의 판결에 따라 양육에
합당하다고 생각되는 쪽에 자녀를 맡긴다.

경제적인 측면에서는 결혼 전 아내의 재산과, 혼납금 등 아내의 재산
에 남편은 아무런 권리를 행사할 수 없다. 특히 이 부분은 꾸란에 여러
차례 언급되어 있다.

"여성과 동침하기 전 또는 여성에게 혼납금을 결정하기 전에는
이혼을 하여도 죄악이 아니나 그녀들에게 합당한 선물을 하라
부유한 자는 부유한대로 가난한 자는 가난한 대로 자기의 능력
에 따르되 합당한 선물은 의로운 자들에 대한 의무라"(2:236)

"만일 너희가 그녀들과 동침하지 아니하고 지참금을 결정한 후 이혼을 했다면 결정된 지참금 의 절반을 지불해야 되거늘 그러나 여성이나 보호자가 용서한다면 제외라. 또한 그 용서는 정의에 가장 가까운 것이거늘 양자 사이에 서로가 관대할 것을 잊지 말라"(2:237)

"이혼한 여성들에게도 능력에 따라 부양금을 주어야 하거늘 이것은 의로운 신앙인들의 의무라"(2:241)

"너희가 믿는 여성과 결혼하여 동침하기 전에 이혼하려 할 때 너희는 일정기간을 계산할 권리가 없나니 그녀들에게 일정한 자선금을 지불하고 그녀들을 자유롭고 친절하게 대하라"(33:49)

이혼시에 혼납금은 이혼 당사자들에게 중요한 사안이다. 만약 남편이 이혼을 요구할 경우에 혼납금은 아내의 몫이 되지만, 아내가 이혼을 요구하는 경우에는 남편은 혼납금을 돌려받을 권한이 생길 수도 있다.

이처럼 이슬람에서 이혼을 하기 위해서는 남성은 여성이 이혼 후 경제적으로 곤경에 취하지 않을 만큼의 배려를 요구하고 있다.

이혼의 과정도 이혼 신청 후 '잇다(idda)'라 불리는 법정 기간을 두고 있다. 이 기간의 원래 의미는 임신 사실을 모른 채 이혼하고 곧바로 재혼할 경우 아이의 부모를 가리는 문제가 발생할 수 있기 때문에, 여성은 이혼 후 3-4개월에 해당하는 법정기간이 지난 후에만 재혼이 가능하다. 이 법정기간 동안에 남편은 아내를 부양해야할 의무가 있다. 잇다의 원래 의미는 전술한 것처럼 빠른 재혼으로 인한 친자 확인 문제 때문에 만들어 졌지만, 이 기간동안 쌍방이 충분한 시간을 갖고 숙고함으로써 이혼을 방지하려는 노력의 일환이기도 하다. 물론 잇다동안의 재결합은 얼마든지 가능하며 오히려 권장 사항이다. 꾸란에서는

> "아내와 멀리하고자 하는 자는 사 개월을 기다려야 되나라. 만
> 일 그 기간에 다시 돌아온다면 실로 하나님은 관용과 자비를 베
> 푸실 것이라"(2:226)

> "이혼한 여성은 삼 개월을 기다리게 되나니 이는 하나님께서
> 태내에 창조한 것을 숨기는 것을 막고자 함이라. 만일 그들이
> 하나님과 내세를 믿어 남편이 돌아올 의사가 있을 때는 남편은
> 이 기간에 돌아올 권리가 있으며 또한 여성과 남성이 똑같은 권
> 리가 있으나 남성이 여성보다 위에 있나니"(2:228)

모든 절차가 끝나고 잇다가 만료되면 두 남녀는 서로에 대한 의무로부터 자유로워지고 이혼이 성립된다.

이슬람에서는 이혼 후의 여성이나 남편과 사별한 여성의 보호에도 적극적인 배려를 하고 있다. 여성의 재혼은 남성의 재혼과 마찬가지로 지극히 자연스러운 것으로서, 여성은 이혼 후 잇다가 완료되면 재혼할

수 있으며, 전 남편은 여성의 재혼을 방해하지 못하도록 했다.

결혼을 하였으나 동침하기 전에 이혼하는 경우에는 잇다의 의미가 없으므로 잇다를 기다릴 필요없이 재혼할 수 있다. 꾸란에서는 아래와 같이 규정하고 있다

"믿는 신앙인들이여, 강제로 여성들을 유산으로 남기는 것은 허락되지 아니하며 그녀들이 재혼하려할 때 방해하지 말 것이며 너희가 그녀들에게 준 것의 일부를 빼앗기 위해 그녀들을 학대해서도 아니 되니라"(4:19)

"아내와 이혼을 하고 법정기간을 채웠을 때 그녀들에게 돌아오거나 또는 그녀들을 자유롭게 하여줄 것이며 그녀들을 괴롭히기 위해 또는 부당한 이익을 취하기 위해 그녀들에게 돌아오지 말라"(2:231)

"남편이 죽어 과부를 남길 때 그 과부는 사개월 십일을 기다려야 하노라. 만약 법정기간에 이르렀을 때 과부가 자신들을 위해서 행하는 것에는 죄가 없나니 하나님은 너희들이 알고 있는 모든 것을 알고 계시니라"(2:234)

"과부 여성과 약혼을 하거나 마음에 뜻을 두는 것은 죄가 아니거늘 이는 하나님께서 너희들이 마음에 새기고 있음을 알고 계

심이라. 그러나 기다리는 법정 기간 동안에 비밀리 약혼을 해서
는 안되며 그 법정기간이 끝날 때까지 결혼을 해서도 아니 되니
라"(2:235)

"너희들 중에 아내를 남기고 임종하는 자는 아내를 위해 유언
을 하고 일년간 아내는 나가지 아니하고 부양을 받노라. 만일
그녀들이 스스로 떠나거나 또는 스스로를 위해 도덕에 어긋나
지 않는 일을 한다해도 죄악이 아니거늘"(2:240)

　이처럼 이슬람 사회에서 여성은 결혼과 이혼, 재혼에 있어 남성과 동
등한 권리를 갖는다. 사회적 약자였던 여성을 보호하기 위해 이슬람은
여성의 지위와 관련된 것이라면 아주 세세한 것까지 규정을 두고 있을
뿐 아니라 여성에 대한 우월의식을 지닌 아랍인들에게 엄중한 경고를
하고 있다.
　한국 사회에는 이슬람 공동체의 결혼과 이혼 관습에 대해 잘못 알려
진 정보들이 많고 이를 확인할 구체적인 방법이 없는 상황에서는 이를
수용하게 된다. 특히, 아랍과 인도 등의 이슬람 국가에서 남성이 단지
이혼을 세 번 외침으로서 이혼이 성립될 수 있다는 등의 외신을 접할
때면 이런 관행이 잘못된 아랍 관행임에도 불구하고 마치 이슬람의 관
행인 것처럼 믿는 경향이 있다. 남편의 단순한 변덕으로 아내와 이혼할
수 있다는 생각은 이슬람의 이혼 제도에 대한 심각한 왜곡이라 할 수
있다.

이슬람에서는 한번 이혼을 선언 한 후에 잇다를 거치고, 이런 과정이 3번 반복될 때 완전한 이혼(또는 가장 좋은 이혼)으로 간주하고, 잇다를 두지 않고 세 번 이혼을 선언하는 것은 이슬람 이전시대의 아랍적 관행이다.

현재의 아랍 사회에는 아랍적인 관행과 이슬람적인 관행이 공존하고 있는 것이 사실이다. 모든 아랍인들이 무슬림이 아니고 모든 무슬림들이 아랍인이 아닌 것처럼, 아랍 사회의 모든 관행과 통과의례가 이슬람의 관행은 아니다.

전술한 것처럼, 남녀평등 사상을 중시하는 이슬람에서는 다른 문화권에 비해 사회적 약자인 여성의 인권과 권리를 보호하기 위한 많은 사회적 장치들을 갖추고 있다. 꾸란에서는 다양한 일이 일어날 수 있는 인간 사회에서 이혼은 어쩔 수 없는 필요악으로 해석하고 있고 그 불가피성으로 인해 이혼에 대해 비교적 관대한 입장을 취하고 있다. 따라서 결혼의 경우처럼 이혼의 경우에도 여성에 대해 관대함을 요구하는 것은 이슬람 문화의 특징이라 하겠다.

참고문헌

권삼윤, 2001, 『차도르를 벗고 노르웨이 숲으로』, 서울 : 개마고원

윤용수, 임병필, 2007, 『아랍어와 아랍문화』, 서울 : 한국학술정보(주)

전완경, 1999, 『아랍의 관습과 매너』, 부산 : 부산외국어대학교 출판부

최영길, 2000, 『성 코란 의미의 한국어 번역』,

　　　서울 : 파흐드 국왕 코란 출판청

Al-Qardawi, Yusuf, 2001, *Al-Halal wa Al-Haram fil Islam*, Cairo:

　　　Al Falah Foundation for Translation, Publication & Distribution.

Mohsin Khan, Muhammad, 1996, *Summarized Sahih Al-Bukhari*,

　　　Saudi Arabia: Maktah Darul as-Salam

Zarabozo Jamal ad-Din, 1998, *Islamic Etiquette*, Beirut: Darusslam.

Zrein Matraji F. Amira, 1998, *Mukhtasar Sahih Muslim*, Beirut :

　　　Dar El Fikr. 등

http://commons.wikimedia.org/wiki/Main_Page